ABRÉGÉ

DE LA

GRAMMAIRE FRANÇAISE.

OUVRAGES DES MÊMES AUTEURS.

NOUVELLE GRAMMAIRE FRANÇAISE , sur un plan très-méthodique , avec de nombreux EXERCICES d'Orthographe , de Syntaxe et de Ponctuation , tirés de nos meilleurs auteurs , et distribués dans l'ordre des Règles ; 3 vol. in-12 qui se vendent séparément :

LA GRAMMAIRE............... 1 fr. 5o c.
LES EXERCICES 1   5o
LE CORRIGÉ DES EXERCICES... 2

NOUVEAU DICTIONNAIRE DE LA LANGUE FRANÇAISE , rédigé sur le plan du Dictionnaire anglais de Johnson , enrichi d'exemples tirés des meilleurs écrivains des deux derniers siècles, etc. 1 vol. grand in-8°. Prix 7 f.

Sous Presse.

LEÇONS D'ANALYSE GRAMMATICALE , 1 vol. in-12.

LEÇONS D'ANALYSE LOGIQUE , 1 vol. in-12.

Ces ouvrages se trouvent aussi chez M. CHAPSAL , professeur de Grammaire, d'Histoire et de Géographie, rue de la Cerisaie, n°5, près de l'Arsenal.

EBERHART, Imprimeur, rue du Foin-Saint-Jacques , n° 11.

ABRÉGÉ

DE LA

GRAMMAIRE FRANÇAISE,

OU

EXTRAIT DE L'OUVRAGE INTITULÉ :

NOUVELLE GRAMMAIRE FRANÇAISE,

Mis au rang des livres classiques, et adopté pour les Écoles Militaires.

PAR M. NOËL,

CHEVALIER DE LA LÉGION D'HONNEUR,
INSPECTEUR-GÉNÉRAL DE L'UNIVERSITÉ,

ET M. CHAPSAL,

PROFESSEUR DE GRAMMAIRE GÉNÉRALE.

SECONDE ÉDITION.

PARIS,

MAIRE-NYON, SUCr D'AUMONT, Ve NYON Je, LIBRAIRE,
Quai Conti, no 13;
RORET, LIBRAIRE, rue Hautefeuille, au coin de celle du Battoir

———

1827.

AVERTISSEMENT.

Peu d'ouvrages ont obtenu un succès plus flatteur que la *nouvelle Grammaire française* de MM. Noël et Chapsal : cinq éditions, tirées à un nombre très-considérable, ont été publiées dans l'espace de deux ans, et l'ouvrage a été successivement adopté pour les *Colléges*, les *Écoles militaires* et la *Maison-Royale* de Saint-Denis. Un débit si prompt, des suffrages si honorables prouvent suffisamment l'utilité de cette Grammaire.

Quoique ce traité, par sa marche méthodique et claire, puisse être mis dans les mains des enfants qui n'ont encore aucune notion de Grammaire, cependant des Professeurs et des chefs d'Institution, n'en font usage que pour la seconde année de grammaire, se servant pour la première, des Eléments de Lhomond. Il y a sans doute dans ce changement de méthode plusieurs inconvénients dont le plus grave est, sans contredit, de faire apprendre de nouveau aux jeunes élèves, et sous une autre forme, ce qu'ils ont déjà étudié; de faire naître l'incertitude dans leur esprit par la diversité des préceptes, et de leur inspirer souvent le dégoût de l'étude.

Pour obvier à cet inconvénient, les Auteurs de la *nouvelle Grammaire* ont cru devoir composer un Abrégé de cette Grammaire, dans lequel ils se sont attachés scrupuleusement à conserver la même marche, les mêmes principes, les mêmes définitions, et le même langage, se bornant à supprimer seulement les règles et les développements que ne comportent pas des notions tout-à-fait élémentaires. Tel est enfin le soin que les Auteurs ont apporté à simplifier cet Abrégé, qu'on peut le considérer comme la science grammaticale réduite à sa plus *simple expression*, ou comme une sorte de *Lhomond* dont les principes entièrement en harmonie avec ceux de la *nouvelle Grammaire Française* de MM. Noël et Chapsal, permettent de passer des premiers éléments à des préceptes d'un ordre plus élevé, sans que le passage en soit nullement sensible.

ABRÉGÉ

DE LA

GRAMMAIRE FRANÇAISE.

INTRODUCTION.

La Grammaire Française est l'art de parler et d'écrire correctement; pour parler et pour écrire on se sert de mots : les mots sont composés de lettres.

Il y a deux sortes de lettres : les voyelles et les consonnes.

Les voyelles sont *a, e, i, o, u, y*. On les appelle *voyelles*, parce que seules elles forment une voix, un son.

Les consonnes sont *b, c, d, f, g, h, j, k, l, m, n, p, q, r, s, t, v, x, z*. On les nomme *consonnes*, parce qu'elles ne peuvent exprimer un son qu'avec le secours des voyelles.

Les voyelles sont *longues* ou *brèves*.

Les voyelles *longues* sont celles sur lesquelles on appuie long-temps en les prononçant, et les voyelles *brèves*, celles sur lesquelles on passe rapidement. Ainsi :

a est long dans *pâte*, et bref dans *patte*.

e est long dans *bêche*, et bref dans *brèche*.

i est long dans *épître*, et bref dans *petite*.

o est long dans *motion*, et bref dans *mode*.

u est long dans *flûte*, et bref dans *culbute*.

Il y a trois sortes d'*e* : l'*e muet*, l'*é fermé* et l'*è ouvert*.

L'*e muet*, dont le son est peu sensible, comme dans m*e*, d*e*, liv*re*, tabl*e*, et quelque-fois nul, comme dans je pri*è*, je pri*è*rai, pai*è*ment.

L'*é fermé*, qui se prononce la bouche presque fermée, comme dans am*é*nité, roch*er*, n*ez*.

L'*è ouvert*, qu'on pronce la bouche très-ouverte : succ*ès*, mod*è*le, il app*è*lle.

L'*y* s'emploie tantôt pour deux *i*, et tantôt pour un *i*. Il s'emploie pour deux *i* dans le corps du mot après une voyelle : *pays, essuyer, moyen*. Il s'emploie pour un *i* au commencement et à la fin des mots : *yacht, dey*; et dans le corps des mots, après une consonne : *style, symétrie*.

La consonne *h* est *muette* ou *aspirée* : elle est muette, quand elle n'ajoute rien à la prononciation, comme dans *l'homme, l'histoire, l'humanité*, qu'on prononce comme s'il y avait *l'omme, l'istoire, l'umanité*; et aspirée, quand elle fait prononcer avec aspiration, c'est-à-dire, du gosier, la voyelle qui suit, comme dans le *hameau*, le *héros*, la *haine*.

Une ou plusieurs lettres qui se prononcent par une seule émission de voix, forment une *syllabe; ainsi jour* n'a qu'une syllabe; *esprit* en a de*ux*, et *vérité* trois. On appelle *monosyllabe* un mot qui n'a qu'une syllabe : *chant, cour, bon; dissyllabe*, celui qui en a deux : *bonté, ami; trissyllabe*, celui qui en a trois : *bornement, attendre*; et *polysyllabe*, celui qui en a plusieurs, quel qu'en soit le nombre : *peuple, abondant, humanité*.

Il y a dix espèces différentes de mots qui composent le discours; ce sont : le *substantif,* l'*article,* l'*adjectif,* le *pronom,* le *verbe,* le *participe,* l'*adverbe,* la *préposition,* la *conjonction* et l'*interjection.*

CHAPITRE I.

DU SUBSTANTIF.

Le *Substantif* représente un être ou un objet : *enfant, cheval, maison.* On l'appelle aussi *nom,* parce qu'il sert à nommer les personnes et les choses.

Il y a deux sortes de substantifs : le substantif *propre,* qui ne convient qu'à une seule personne ou à une seule chose, comme *Alexandre, Virgile, Paris, Vienne;* et le substantif *commun,* qui convient à tous les individus ou à tous les objets de la même espèce, comme *homme, livre, femme, brebis.*

Parmi les substantifs communs, il y en a qui, quoique au singulier, présentent à l'esprit l'idée de plusieurs personnes ou de plusieurs choses; tels sont *troupe, peuple, quantité, multitude.* On les appelle, pour cette raison, substantifs *collectifs.*

Les substantifs ont deux propriétés : le *genre* et le *nombre.*

Le *genre* est la propriété qu'ont les substantifs de représenter la distinction des sexes. Il y a conséquemment deux genres : le *masculin,* comme *homme, lion;* et le *féminin,* comme *femme, lionne*. Les substantifs représentant des êtres inanimés ne devraient point avoir de genre ; cependant, par analogie, on leur a donné le genre masculin et le genre féminin, selon qu'ils paraissent imiter la force, le courage des êtres mâles, ou la faiblesse, la douceur des êtres femelles. C'est ainsi qu'on a fait *soleil* du genre masculin, et *lune* du genre féminin.

Le *nombre* est la propriété qu'ont les substantifs de représenter l'*unité* ou la *pluralité*. Il y a par conséquent deux nombres : le *singulier*, qui ne désigne qu'un seul être ou un seul objet, comme *un enfant, une plume* ; et le *pluriel*, qui en désigne plus d'un, comme *des enfants, des plumes*.

Formation du pluriel dans les substantifs.

RÈGLE GÉNÉRALE. On forme le pluriel des substantifs en ajoutant une *s* au singulier : un *roi*, des *rois* ; une *ville*, des *villes*.

Exceptions :

I. *Exception*. Les substantifs terminés au singulier par *s*, *x*, *z*, n'ajoutent rien au pluriel : un *héros*, des *héros* ; une *voix*, des *voix* ; un *nez*, des *nez*.

II. *Exception*. Les substantifs terminés au singulier par *au* et par *eu*, prennent *x* au pluriel : un *étau*, des *étaux* ; un *tableau*, des *tableaux*, un *cheveu*, des *cheveux* ; un *jeu*, des *jeux*.

Remarque. Les Substantifs en *ou* prennent une *s* et non pas un *x* : un *oou*, des *cous* ; un *verrou*, des *verrous*. Excepté *bijou, caillou, chou, genou, hibou* qui prennent *x*: des *bijoux*, des *cailloux*, des *choux*, etc.

III. *Exception.* Les substantifs terminés au singulier par *al*, changent au pluriel *al* en *aux* : un *cheval*, des *chevaux ;* un *hôpital*, des *hôpitaux*. Excepté *bal, carnaval, régal,* qui font *bals, carnavals, régals.*

Remarque. Les Substantifs en *ail* font leur pluriel par l'addition d'une *s* : un *portail*, des *portails* ; un *gouvernail*, des *gouvernails*. Excepté *bail, corail, émail, soupirail, travail,* qui font *baux, coraux, émaux, soupiraux, travaux.* Encore ce dernier fait-il *travails* au pluriel, quand il s'agit des machines où l'on ferre les chevaux vicieux.

IV. *Exception. Ciel, œil, aïeul* ont deux pluriel :

CIEL $\left\{ \begin{array}{l} \text{fait } \textit{ciels} \text{ dans } \textit{ciels} \text{ de lit, } \textit{ciels de tableaux, } \textit{ciels} \text{ de} \\ \text{carrière, et dans le sens de température, climat :} \\ \textit{L'Italie est sous un des plus beaux ciels de l'Europe.} \\ \text{fait } \textit{cieux} \text{ dans tous les autres cas : } \textit{les cieux an-} \\ \textit{noncent la gloire de Dieu.} \end{array} \right.$

ŒIL $\left\{ \begin{array}{l} \text{fait } \textit{yeux}, \text{ quand il a rapport à l'organe de la vue :} \\ \textit{l'ame se peint dans les yeux.} \\ \text{fait } \textit{œils} \text{ dans tous les autres cas : } \textit{des } \text{ŒILS de } \textit{bœuf} \\ \text{(petites lucarnes de forme ronde), } \textit{les } \text{ŒILS de la soupe,} \\ \textit{les } \text{ŒILS du } \textit{fromage.} \end{array} \right.$

AÏEUL $\left\{ \begin{array}{l} \text{fait } \textit{aïeux}, \text{ employé dans le sens d'ancêtres : } \textit{ils} \\ \textit{n'ont pas d'autre gloire que celle de leurs } \text{AÏEUX.} \\ \text{(Massillon.)} \\ \text{fait } \textit{aïeuls}, \text{ quand il désigne le grand-père pa-} \\ \text{ternel et le grand-père maternel: } \textit{ses deux } \text{AÏEULS} \\ \textit{ont rempli les premières charges.} \text{ (Acad.)} \end{array} \right.$

CHAPITRE II.

DE L'ARTICLE.

Nous n'avons en français qu'un Article, qui est *le*, pour le masculin singulier ; il fait *la* au féminin singulier, et *les*, au pluriel des deux genres : *le mérite, la vertu, les talents ont droit à nos hommages.*

Sa fonction est de précéder les substantifs communs employés dans un sens déterminé.

L'Article est sujet à deux sortes de changements : l'*élision* et la *contraction*.

L'*élision* consiste dans la suppression de *e* dans *le*, et de *a* dans *la*, quand le mot suivant commence par une voyelle ou une *h* muette. C'est par élision qu'on dit *l'esprit, l'amitié, l'homme, l'humanité*, pour *le esprit, la amitié, le homme, la humanité*, et alors on met à la place de la voyelle retranchée cette petite figure ('), qu'on appelle *apostrophe*.

La *contraction* consiste dans la réunion de l'article *le* ou *les* avec une des prépositions *à, de*. C'est par contraction qu'on dit AU *pain*, pour A LE *pain*; AUX *fruits*, pour A LES *fruits*; DU *pain*, pour DE LE *pain*; DES *fruits*, pour DE LES *fruits*.

La contraction *au, du,* n'a pas lieu devant une voyelle ou une *h* muette : A L'*éclat*, A L'*honneur*; DE L'*état*, DE L'*honneur*, et non pas AU *éclat*, AU *honneur*; DU *éclat*, DU *honneur*.

CHAPITRE III.

DE L'ADJECTIF.

L'*Adjectif* exprime les qualités du substantif, les différentes manières d'être sous lesquelles nous le considérons. Quand je dis : *habit* BLEU, CET *habit*, MON *habit*, *le* PREMIER *habit*, les mots *bleu, cet, mon, premier* sont des adjectifs, parce qu'ils expriment certaines qualités ou manières d'être du substantif *habit*, comme celles d'être bleu (*habit* BLEU), d'être présent à mes yeux (CET *habit*), d'être en ma possession (MON *habit*), de tenir un certain rang parmi plusieurs habits (*le* PREMIER *habit*).

Il y a deux sortes d'adjectifs : les adjectifs *qualificatifs*, et les adjectifs *déterminatifs*.

DES ADJECTIFS QUALIFICATIFS.

Les adjectifs *qualificatifs* s'ajoutent au substantif pour en exprimer la qualité, tels sont *bon, beau, grand, sage*, etc.

Ces adjectifs peuvent exprimer la qualité du substantif ou simplement, ou avec comparaison, ou comme portée à un très-haut degré ; de là trois degrés de qualification dans les adjectifs : le *positif*, le *comparatif*, et le *superlatif*.

Le *positif* exprime simplement la qualité ; c'est l'adj. pur et simple : *le mérite est* MODESTE, *le savoir est* PRÉCIEUX.

Le *comparatif* exprime la qualité avec comparaison : il y a trois sortes de comparatifs :

Le comparatif d'*égalité*, qu'on forme en mettant *aussi* devant l'adjectif : *César était* AUSSI ÉLOQUENT *que brave.*

Le comparatif d'*infériorité*, qu'on forme en mettant *moins* devant l'adjectif : *la mort est* MOINS FUNESTE *que les plaisirs qui attaquent la vertu.*

Le comparatif de *supériorité*, qu'on forme en mettant *plus* devant l'adjectif : *la vertu est* PLUS UTILE *que la science.*

Nous avons trois adjectifs qui expriment à eux seuls un comparatif de supériorité : *meilleur* pour *plus bon*, qui ne se dit pas ; *pire*, pour *plus mauvais*, et *moindre*, pour *plus petit.*

Le *superlatif* exprime la qualité portée à un très-haut degré, ou au suprême degré. De là deux sortes de superlatifs : le superlatif *absolu*, qui marque un très-haut degré sans comparaison, et qu'on forme en mettant *fort*, *très*, *bien*, *extrêmement*, etc., devant l'adjectif : *le style de Fénélon est* TRÈS-*riche*, FORT *coulant et* EXTRÊMEMENT *doux.* Le superlatif *relatif*, qui marque le plus haut degré avec comparaison, et qu'on forme en mettant *le*, *la*, *les*, *mon*, *ton*, *son*, *notre*, *votre*, *leur*, *leurs* devant le comparatif de supériorité ou d'infériorité : *l'amour-propre est* LE PLUS *grand de tous les flatteurs. La gloire des conquêtes est* LA MOINS DÉSIRABLE.

L'Adjectif n'a par lui-même ni genre ni nombre ; cependant il varie, dans sa terminaison, en genre et en nombre, pour mieux marquer son rapport avec le substantif qu'il qualifie.

Formation du féminin dans les adjectifs.

I. RÈGLE. Tout Adjectif terminé au masculin par un *e muet*, comme *honnête*, *aimable*, ne change pas de terminaison au féminin.

II. RÈGLE. Tout Adjectif non terminé au masculin par un *e muet* en prend un au féminin : *sensé, sensée; vrai, vraie; grand, grande; ingrat, ingrate*, etc.

EXCEPTIONS :

I. *Exception*. Les adjectifs en *el, eil, en, et, on*, doublent au féminin leur dernière consonne, et prennent un *e muet : tel, telle; pareil, pareille; ancien, ancienne; muet, muette; bon, bonne*.

Cependant, *complet, concret, discret, inquiet, replet, secret* font au féminin *complète, concrète, discrète, inquiète, replète, secrète*.

Nul, gentil, sot, vieillot, paysan, doublent aussi la consonne finale, et prennent un *e* muet : *nulle, gentille, sotte, vieillotte, paysanne*.

II. *Exception*. Les Adjectifs masculins en *eur* ont plusieurs formes pour le féminin : ceux en *eur* qui sont formés d'un participe présent par le changement de *ant* en *eur*, font *euse* au féminin : *danseur, danseuse; trompeur, trompeuse*, etc.; ceux en *teur*, qui font leur féminin en *trice : accusateur, accusatrice; créateur,*

1*

créatrice, etc.; ceux en *érieur*, qui prennent un e muet : *extérieur*, *extérieure*; *supérieur*, *supérieure*, etc.; auxquels il faut ajouter *majeur*, *mineur*, *meilleur*, qui font *majeure*, *mineure*, *meilleure*.

III. *Exception*. Ceux en *f* changent *f* en *ve* : *neuf*, *neuve*; *naïf*, *naïve*.

IV. *Exception*. Les adjectifs en *x* changent *x* en *se* : *heureux*, *heureuse*; *jaloux*, *jalouse*; etc. Cependant, *doux*, *faux*, *préfix*, *roux* et *vieux* font *douce*, *fausse*, *préfixe*, *rousse* et *vieille*.

V. *Exception*. *Beau*, *nouveau* font *belle*, *nouvelle*; *mou*, *fou* font *molle*, *folle*; *blanc*, *franc*, *frais*, *sec*, *public*, *caduc*, *turc*, *grec* font *blanche*, *franche*, *fraîche*, *sèche*, *publique*, *caduque*, *turque*, *grecque*.

Long, *bénin*, *malin*, font *longue*, *bénigne*, *maligne*; *favori* fait *favorite*. *Témoin* sert pour les deux genres. *Chatain*, *fat*, *dispos* ne s'emploient pas au féminin.

Formation du pluriel dans les adjectifs.

Règle. Les adjectifs, tant masculins que féminins, forment leur pluriel par l'addition d'une *s* : *bon*, *bons*; *bonne*, *bonnes*.

EXCEPTIONS :

1. *Exception*. Les adjectifs terminés par *s*, *x*, ne changent point au pluriel masculin, tels sont : *gris*, *épais*, *heureux*, *doux*.

II. *Exception*. Les adjectifs en *au* font leur

pluriel masculin par l'addition d'un *x* : *beau,
beaux ; nouveau, nouveaux.*

III. *Exception.* Les adjectifs en *al* font leur
pluriel masculin , les uns en *aux* (c'est le
plus grand nombre) : *égal, égaux ; original,
originaux ;* et les autres par l'addition d'une *s :
final , finals ; nasal, nasals.*

*Bénéficial , diamétral, expérimental , in-
strumental, médicinal,* etc., ne s'emploient pas
au masculin , par la raison qu'ils n'accompagnent que des substantifs féminins : *physique
expérimentale , musique instrumentale.*

Accord de l'adjectif avec le substantif.

L'adjectif s'accorde en genre et en nombre
avec le substantif qu'il qualifie : *un homme
vertueux , un femme vertueuse , des enfants
dociles , des fleurs charmantes.*

Vertueux est au masculin et au singulier,
parce que *homme* est du masculin et du singulier ; *vertueuse* est au féminin et au singulier,
parce que *femme* est du féminin et du singulier ;
dociles est au masculin et au pluriel, parce que
enfants est du masculin et du pluriel; *charmantes* est au féminin et au pluriel, parce que
fleurs est du féminin et du pluriel.

S'il y a deux ou plusieurs substantifs, l'adjectif se met au pluriel, et prend le genre
masculin, si les substantifs sont de différents
genres : *le riche et le pauvre sont égaux devant
Dieu. — La vertu et la science sont précieuses.
— Mon père et ma mère sont contents.*

Égaux est au pluriel et au masculin, parce
qu'il qualifie deux substantifs masculins. *Pré-*

cieuses est au pluriel et au féminin, parce qu'il. qualifie deux substantifs féminins. *Contents* est au pluriel et au masculin, parce qu'il qualifie deux substantifs dont l'un est masculin et l'autre féminin.

Des adjectifs Déterminatifs.

Les adjectifs *Déterminatifs* se joignent aux substantifs pour en déterminer la signification. Quand je dis : *ma maison, cette plume ;* *ma* attache à *maison* une idée de possession ; *cette* attache à *plume* une idée d'indication ; et l'un et l'autre, au moyen de ces idées de possession et d'indication, diminuent l'étendue de signification des substantifs *maison* et *plume :* *ma* oblige *maison* à ne signifier que la maison que je possède, et *cette* oblige *plume* à ne désigner que la plume que j'indique. *Ma, cette,* déterminent conséquemment la signification des substantifs *maison* et *plume,* et sont pour cette raison des adjectifs déterminatifs.

Il y a quatre sortes d'adjectifs déterminatifs: les adjectifs *numéraux,* les adjectifs *démonstratifs ;* les adjectifs *possessifs* et les adjectifs *indéfinis.*

Des adjectifs Numéraux.

Ces adjectifs déterminent la signification du substantif, en y ajoutant une idée de nombre ou d'ordre.

Il y a deux sortes d'adjectifs numéraux : les *cardinaux* et les *ordinaux.*

Les adjectifs numéraux *cardinaux* expriment le nombre : *un, deux, trois, quatre, dix, vingt, cent,* etc.

'Les adjectifs numéraux *ordinaux* marquent l'ordre, le rang : *premier, second, troisième, quatrième, dixième, vingtième, centième,* etc.

Des adjectifs Démonstratifs.

Ces adjectifs déterminent la signification du substantif, en y ajoutant une idée d'indication ; ce sont : *ce, cet, celle, ces.*

Remarque. On met *ce* devant une consonne ou une *h* aspirée, et *cet* devant une voyelle ou une *h* muette : CE *soldat,* CE *héros ;* CET *enfant,* CET *homme.*

Des adjectifs Possessifs.

Ces adjectifs déterminent la signification du substantif, en y ajoutant une idée de possession. Ce sont :

SINGULIER.		PLURIEL.
masc.	*fém.*	*des deux genres.*
Mon,	ma,	mes.
Ton,	ta,	tes.
Son,	sa,	ses.
Notre,	notre,	nos.
Votre,	votre,	vos.
Leur,	leur,	leurs.

REMARQUE. L'oreille exige qu'on emploie *mon, ton, son,* au lieu de *ma, ta, sa,* devant un substantif féminin commençant par une voyelle ou une *h* mette : *mon ame, ton humeur*.

Des adjectifs Indéfinis.

Les adjectifs *indéfinis* déterminent la signification du substantif, en y ajoutant une idée de généralité. Ce sont :

Chaque,	Tout,	Tel,
Nul,	Quelque,	Quel,
Aucun,	Plusieurs,	Quelconque.
Même,		

CHAPITRE IV.

DU PRONOM.

Le *Pronom* est un mot qu'on met à la place du substantif, pour en rappeler l'idée, et pour en éviter la répétition. Ainsi, au lieu de dire : *Télémaque était resté seul avec* MENTOR ; TÉLÉMAQUE *embrasse ses genoux, car* TÉLÉMAQUE *n'osait embrasser* MENTOR *autrement, ni regarder* MENTOR, *ni même parler à* MENTOR ; je dirai, en employant les pronoms *il, le, lui : Télémaque était resté seul avec Mentor ;* IL *embrassait ses genoux, car* IL *n'osait* L'*embrasser autrement, ni* LE *regarder, ni même* LUI *parler.*

Le Pronom sert aussi à désigner le rôle que chaque personne ou chaque chose joue dans le discours. Ce rôle est ce que les grammairiens appellent *personne,* du latin *persona, personnage, rôle.*

Il y a trois personnes : la première est celle qui parle, la seconde celle à qui l'on parle, et la troisième, celle de qui l'on parle. Ainsi, quand je dis : *je lis,* le pronom *je* est de la première personne ; *tu lis,* le pronom *tu* est de la seconde personne ; *il lit,* le pronom *il* est de la troisième personne.

Il y a cinq sortes de pronoms : les pronoms *personnels*, les pronoms *démonstratifs*, les pronoms *possessifs*, les pronoms *relatifs* et les pronoms *indéfinis*.

Des Pronoms personnels.

Les Pronoms *personnels* sont ainsi appelés parce qu'ils désignent les trois personnes plus spécialement que les autres pronoms. Ces pronoms sont :

Pour la première personne : *je, me, moi, nous.*
Pour la seconde personne : *tu, te, toi, vous.*
Pour la troisième personne : { *il, ils, elle, elles, lui, eux.*
{ *le, la, les, leur, se, soi, en, y.*

Remarque. Ne confondez pas *le*, *la*, *les*, articles, avec *le, la, les,* pronoms personnels ; ceux-ci accompagnent toujours un verbe : *je* LE *vois, je* LE *connais, reçois*-LES ; au lieu que l'article accompagne toujours un substantif : LE *roi*, LA *reine*, LES *princes.*

Des Pronoms démonstratifs.

Les pronoms *démonstratifs* sont ceux qui rappellent l'idée du substantif, en y ajoutant une idée d'indication. Ce sont :

SINGULIER.		PLURIEL.	
masc.	*fém.*	*masc.*	*fém.*
Ce.			
Celui,	celle.	Ceux,	celles.
Celui-ci,	celle-ci.	Ceux-ci,	celles-ci.
Celui-là,	celle-là.	Ceux-là,	celles-là.
Ceci.			
Cela.			

Remarque. Il ne faut pas confondre *ce*, pronom démonstratif, avec *ce*, adjectif démonstratif. Le premier est toujours joint au verbe *être*, ou suivi des pronoms *qui, que, quoi, dont* : CE *sont les Romains* ; CE *qui plaît* ; CE *dont je parle*. Le second est toujours suivi d'un substantif : CE *héros*, CE *livre*.

Des Pronoms possessifs.

Les pronoms *possessifs* sont ceux qui rappellent l'idée du substantif, en y ajoutant une idée de possession. Ce sont :

Sing. masc.	Sing. fém.	Plur. masc.	Plur. fém.
Le mien,	la mienne.	Les miens,	les miennes.
Le tien,	la tienne.	Les tiens,	les tiennes.
Le sien,	la sienne.	Les siens,	les siennes.
Le nôtre,	la nôtre.	Les nôtres,	des deux genres.
Le vôtre,	la vôtre.	Les vôtres,	des deux genres.
Le leur,	la leur.	Les leurs,	

Des Pronoms relatifs.

Les pronoms *relatifs* sont ainsi appelés à cause de la relation qu'ils ont avec un substantif ou un pronom qui précède. Ces pronoms sont : *qui, que, quoi, dont*, des deux genres et des deux nombres ; *lequel*, masc. sing. ; *laquelle*, fém. sing. ; *lesquels*, masc. plur., et *lesquelles*, fém. plur.

Le mot précédent auquel le pronom relatif se rapporte se nomme *l'antécédent* du pronom relatif. Dans ces phrases, *les enfants* QUI *sont studieux seront récompensés* ; *ceux* DONT *nous parlons méritent des récompenses*, *enfants* est l'antécédent de *qui*, et *ceux* l'antécédent de *dont*.

Des Pronoms indéfinis.

Les pronoms *indéfinis* désignent d'une manière vague les personnes ou les choses dont ils rappellent l'idée. Ces pronoms sont : *on, quiconque, quelqu'un, chacun, autrui, l'un l'autre, l'un et l'autre, personne.*

CHAPITRE V.

DU VERBE.

Le *Verbe* est un mot qui exprime l'affirmation ; quand je dis : *le soleil est brillant,* j'affirme que la qualité marquée par l'adjectif *brillant* convient au soleil, et le mot *est,* qui exprime cette affirmation, est un verbe.

Il n'y a réellement qu'un verbe, qui est le verbe *être,* parce que c'est le seul qui exprime l'affirmation. *Aimer, rendre, dormir, lire, recevoir,* etc., ne sont véritablement des verbes que parce qu'ils renferment en eux le verbe *être* ; en effet *aimer,* c'est *être aimant* ; *rendre,* c'est *être rendant* ; *dormir,* c'est *être dormant* ; *lire,* c'est *être lisant,* etc.

On reconnaît qu'un mot est un verbe, quand on peut le faire précéder des pronoms *je, tu, il, nous, vous, ils.* Ainsi *donner, lire,* sont des verbes, parce qu'on peut dire : *je donne, tu donnes, il donne,* etc. ; *je lis, tu lis,* etc.

Du Sujet du Verbe.

L'objet de l'affirmation marquée par le verbe est ce qu'on nomme le *sujet* du verbe ;

c'est le mot qui représente la personne ou la chose qui fait l'action du verbe : NOUS *aimons Dieu;* ou qui la reçoit: LES MÉCHANTS *seront punis.*

Il répond à la question *qui est-ce qui?* Qui est-ce qui aime Dieu? *nous.* Qui est-ce qui sera puni? *les méchants.* Donc *nous* et *les méchants* sont les sujets des verbes *aimons* et *seront punis.*

Du Régime.

Le *régime* est le mot qui complète, qui achève d'exprimer l'idée commencée par le verbe. Quand je dis : *chérir la gloire, combattre pour la patrie;* la *gloire* complète l'idée commencée par *chérir,* et *pour la patrie* l'idée commencée par *combattre.* Ainsi *la gloire, pour la patrie* sont les régimes des verbes *chérir, combattre.*

Certains verbes ont deux sortes de régimes : le *régime direct* et le *régime indirect.*

Le régime *direct* est celui qui complète la signification du verbe sans le secours d'aucun autre mot. Il répond à la question *qui?* pour les personnes, et *quoi?* pour les choses : *j'estime les gens vertueux, je chéris l'étude.* J'estime *qui? les gens vertueux.* Je chéris *quoi? l'étude. Les gens vertueux* et *l'étude* sont donc les régimes directs des verbes *j'estime, je chéris.*

Le régime *indirect* est celui qui complète la signification du verbe à l'aide de certains mots qu'on appelle prépositions; tels sont *à, de, pour, avec, dans,* etc. Il répond à l'une des questions *à qui? de qui? pour qui? avec qui?* etc., pour les personnes; et à l'une de celles-ci *à quoi? de quoi? pour quoi? avec quoi?* etc., pour les choses : *il parle à Pierre, il répond de vous, nous nous livrons à l'étude, je m'occupe de vos intérêts.* Il parle *à qui?* à Pierre. Il répond *de qui?* de vous. Nous nous livrons *à quoi?* à l'étude. Je m'occupe *de quoi?* de vos intérêts. *A Pierre, de vous, à l'étude, de vos intérêts*, sont donc les régimes indirects des verbes *parler, répondre, se livrer, s'occuper.*

Remarque. Parmi les pronoms, il y en a qui sont régimes directs ; ce sont *le, la, les, que;* d'autres qui sont au contraire régimes indirects, à cause de la préposition qu'ils renferment en eux; ce sont : *lui, leur, dont, en, y,* qui sont pour *à lui, à eux, duquel, de cela, à cela.*

Me, te, nous, vous, se sont tantôt régimes directs, et tantôt régimes indirects. Ils sont régimes directs, quand ils sont pour *moi, toi, nous, vous, lui* ou *eux :*

Il M'*estime,* c'est-à-dire, *il estime* MOI ;

Je T'*appelle,* c'est-à-dire, *j'appelle* TOI ;

Nous NOUS *regardons,* c'est-à-dire, *nous regardons* NOUS ;

Je VOUS *connais,* c'est-à-dire, *je connais* VOUS ;

Il SE *flatte,* c'est-à-dire, *il flatte* LUI ;

Ils SE *frappent,* c'est-à-dire, *ils frappent* EUX ;

Ils sont régimes indirects, lorsqu'ils sont pour *à moi, à toi, à nous, à vous, à lui, à eux :*

Il ME *parle,* c'est-à-dire, *il parle* A MOI ;

Je TE *plais*, c'est-à-dire, *je plais* A TOI;

Nous NOUS *écrivons*, c'est-à-dire, *nous écrivons* A NOUS;

Il VOUS *répond*, c'est-à-dire, *il répond* A VOUS;

Il SE *nuit*, c'est-à-dire, *il nuit* A LUI;

Ils SE *succèdent*, c'est-à-dire, *ils succèdent* A EUX.

Des Modifications du verbe.

On appelle ainsi certains changements de formes ou de terminaisons qui ont lieu dans le verbe; ces modifications sont au nombre de quatre, savoir : le *nombre*, la *personne*, le *mode* et le *temps*.

Du Nombre.

Le *nombre* est la forme que prend le verbe pour indiquer son rapport avec l'unité ou la pluralité; ainsi dans *je chante*, *tu chantes*, les terminaisons *e*, *es* marquent que le verbe est au singulier, tandis qu'au contraire dans *nous chantons*, *vous chantez*, les terminaisons *ons*, *ez* indiquent qu'il est au pluriel.

De la Personne.

La *personne* est la forme que prend le verbe pour indiquer que le sujet est de la première, de la seconde ou de la troisième personne. Ainsi, dans *je finis*, la terminaison *is* marque la première personne; et dans *tu finiras*, la terminaison *as* marque la seconde personne.

Du Mode.

Mode veut dire *manière* ; ainsi le mode est la forme que prend le verbe pour indiquer de quelle manière est présentée l'affirmation marquée par le verbe. Il y a cinq modes : l'*indicatif*, le *conditionnel*, l'*impératif*, le *subjonctif*, et l'*infinitif*.

L'*indicatif* présente l'affirmation d'une manière positive et absolue : *je* REMPLIS *mes devoirs*, *je* VOYAGERAI.

Le *conditionnel* la présente sous l'idée d'une condition : *vous* REMPLIRIEZ *vos devoirs, si vous étiez raisonnable.*

L'*impératif* la présente sous l'idée de la volonté, de l'exhortation : REMPLISSEZ *vos devoirs.*

Le *subjonctif* la présente d'une manière subordonnée et dépendante : *je désire que vous* REMPLISSIEZ *vos devoirs.*

L'*infinitif* la présente d'une manière vague, sans désignation de nombre ni de personne : *il est doux de* REMPLIR *ses devoirs.*

Du Temps.

Le temps est la forme que prend le verbe pour marquer à quelle partie de la durée répond l'affirmation marquée par le verbe. La durée n'admet que trois parties ou époques : le moment de la parole, celui qui précède, et celui qui suit ; de là trois *temps* : le *présent*, qui marque que l'action du verbe se fait présentement : *je chante, je lis* ; le *passé*, qui indique qu'elle a eu lieu dans un temps passé : *j'ai chanté, j'ai lu la semaine dernière* ; et le *futur*, qui exprime qu'elle se fera dans un temps à venir : *je chanterai, je lirai la semaine prochaine.*

Il y a plusieurs manières d'exprimer le passé : un imparfait : *je chantais ;* trois passés : *je chantai, j'ai chanté, j'eus chanté ;* et un plus-que-parfait : *j'avais chanté.*

Il y a deux manières d'exprimer le futur : le *futur absolu* : *je chanterai;* et le *futur antérieur* : *j'aurai chanté.*

Les temps des verbes se divisent en temps *simples* et en temps *composés.* Les temps *simples* sont ceux qui n'empruntent pas un des temps du verbe *avoir* ou du verbe *être*, comme *je chante, je finissais, je reçus*, etc. Les temps *composés* sont ceux dans la composition desquels il entre un des temps du verbe *avoir* ou du verbe *être* : *j'ai chanté, j'avais fini, j'étais reçu*, etc.

Écrire ou réciter un verbe avec toutes ses terminaisons de nombres, de personnes, de modes et de temps, c'est ce qu'on appelle *conjuguer.*

Il y a quatre *conjugaisons* ou classes de verbes, qu'on distingue entre elles par la terminaison du présent de l'infinitif.

La première conjugaison a le présent de l'infinitif terminé en *er*, comme *aimer;*

La deuxième en *ir*, comme *finir ;*

La troisième en *oir*, comme *recevoir;*

La quatrième en *re*, comme *rendre.*

Des verbes Auxiliaires.

Il y a deux verbes que l'on nomme *auxiliaires*, parce qu'ils aident à conjuguer tous les autres ; c'est le verbe *avoir* et le verbe *être.*

VERBE AUXILIAIRE *AVOIR*.

INDICATIF.

PRÉSENT.

Sing. J'ai.
Tu as.
Il *ou* elle a.
Plur. Nous avons.
Vous avez.
Ils *ou* elles ont.

IMPARFAIT.

J'avais.
Tu avais.
Il *ou* elle avait.
Nous avions.
Vous aviez.
Ils *ou* elles avaient.

PASSÉ DÉFINI.

J'eus.
Tu eus.
Il *ou* elle eut.
Nous eûmes.
Vous eûtes.
Ils *ou* elles eurent.

PASSÉ INDÉFINI.

J'ai eu.
Tu as eu.
Il *ou* elle a eu.
Nous avons eu.
Vous avez eu.
Ils *ou* elles ont eu.

PASSÉ ANTÉRIEUR.

J'eus eu.
Tu eus eu.
Il *ou* elle eut eu.
Nous eûmes eu.
Vous eûtes eu.
Ils *ou* elles eurent eu.

PLUS-QUE-PARFAIT.

J'avais eu.
Tu avais eu.
Il *ou* elle avait eu.
Nous avions eu.
Vous aviez eu.
Ils *ou* elles avaient eu.

FUTUR.

J'aurai.
Tu auras.
Il *ou* elle aura.
Nous aurons.
Vous aurez.
Ils *ou* elles auront.

FUTUR ANTÉRIEUR.

J'aurai eu.
Tu auras eu.
Il *ou* elle aura eu.
Nous aurons eu.
Vous aurez eu.
Ils *ou* elles auront eu.

CONDITIONNEL

PRÉSENT.

J'aurais.
Tu aurais.
Il *ou* elle aurait.
Nous aurions.
Vous auriez.
Ils *ou* elles auraient.

PASSÉ.

J'aurais eu.
Tu aurais eu.
Il *ou* elle aurait eu.
Nous aurions eu.
Vous auriez eu.
Ils *ou* elles auraient eu.

On dit aussi : *j'eusse eu,
tu eusses eu, il ou elle eût
eu, nous eussions eu, vous
eussiez eu, ils ou elles eussent eu.*

IMPÉRATIF.

*Point de première personne
au sing.*

Aie.
Ayons.
Ayez.

SUBJONCTIF.

PRÉSENT OU FUTUR.

Que j'aie.
Que tu aies.
Qu'il *ou* qu'elle ait.
Que nous ayons.
Que vous ayez.
Qu'ils *ou* qu'elles aient.

IMPARFAIT.

Que j'eusse.
Que tu eusses.
Qu'il *ou* qu'elle eût.
Que nous eussions.
Que vous eussiez.
Qu'ils *ou* qu'elles eussent.

PASSÉ.

Que j'aie eu.
Que tu aies eu.
Qu'il *ou* qu'elle ait eu.
Que nous ayons eu.
Que vous ayez eu.
Qu'ils *ou* qu'elles aient eu.

PLUS-QUE-PARFAIT.

Que j'eusse eu.
Que tu eusses eu.
Qu'il *ou* qu'elle eût eu.
Que nous eussions eu.
Que vous eussiez eu.
Qu'ils *ou* qu'elles eussent eu.

INFINITIF.

PRÉSENT.

Avoir.

PASSÉ.

Avoir eu.

PARTICIPE.

PRÉSENT.

Ayant.

PASSÉ.

Eu, ayant eu.

VERBE AUXILIAIRE *ÊTRE*.

INDICATIF.

PRÉSENT.

Je suis.
Tu es.
Il *ou* elle est.
Nous sommes.
Vous êtes.
Ils *ou* elles sont.

IMPARFAIT.

J'étais.
Tu étais.
Il *ou* elle était.
Nous étions.
Vous étiez.
Ils *ou* elles étaient.

PASSÉ DÉFINI.

Je fus.
Tu fus.
Il *ou* elle fut.
Nous fûmes.
Vous fûtes.
Ils *ou* elles furent.

PASSÉ INDÉFINI.

J'ai été.
Tu as été.
Il *ou* elle a été.
Nous avons été.
Vous avez été.
Ils *ou* elles ont été.

PASSÉ ANTÉRIEUR.

J'eus été.
Tu eus été.
Il *ou* elle eut été.
Nous eûmes été.
Vous eûtes été.
Ils *ou* elles eurent été.

PLUS-QUE-PARFAIT.

J'avais été.
Tu avais été.
Il *ou* elle avait été.
Nous avions été.
Vous aviez été.
Ils *ou* elles avaient été.

FUTUR.

Je serai.
Tu seras.
Il *ou* elle sera.
Nous serons.
Vous serez.
Ils *ou* elles seront.

FUTUR ANTÉRIEUR.

J'aurai été.
Tu auras été.
Il *ou* elle aura été.
Nous aurons été.
Vous aurez été.
Ils *ou* elles auront été.

CONDITIONNEL.

PRÉSENT.

Je serais.
Tu serais.
Il *ou* elle serait.
Nous serions.
Vous seriez.
Ils *ou* elles seraient.

PASSÉ.

J'aurais été.
Tu aurais été.
Il *ou* elle aurait été.
Nous aurions été.
Vous auriez été.
Ils *ou* elles auraient été.

On dit aussi : *j'eusse été,
tu eusses été, il ou elle eût
été, nous eussions été, vous
eussiez été, ils ou elles eussent été.*

IMPÉRATIF.

*Point de 1ʳᵉ personne du sing.
ni de 3ᵉ pour les 2 nombres.*

Sois.
Soyons.
Soyez.

SUBJONCTIF.

PRÉSENT OU FUTUR.

Que je sois.
Que tu sois.
Qu'il *ou* qu'elle soit.
Que nous soyons.
Que vous soyez.
Qu'ils *ou* qu'elles soient.

IMPARFAIT.

Que je fusse.
Que tu fusses.
Qu'il *ou* qu'elle fût.
Que nous fussions.
Que vous fussiez.
Qu'ils *ou* qu'elles fussent.

PASSÉ.

Que j'aie été.
Que tu aies été.
Qu'il *ou* qu'elle ait été.
Que nous ayons été.
Que vous ayez été.
Qu'ils *ou* qu'elles aient été.

2

PLUS-QUE-PARFAIT.	PASSÉ.

Que j'eusse été.
Que tu eusses été.
Qu'il *ou* qu'elle eût été.
Que nous eussions été.
Que vous eussiez été.
Qu'ils *ou* qu'elles eussent été.

PARTICIPE.

PRÉSENT.

INFINITIF.

Étant,

PRÉSENT.

PASSÉ.

Être.

Été, ayant été.

Avoir été.

Des différentes sortes de verbes.

Il y a cinq sortes de verbes : le verbe *actif*, le verbe *passif*, le verbe *neutre*, le verbe *pronominal* et le verbe *impersonnel*.

DU VERBE ACTIF.

Le verbe *actif* marque une action faite par le sujet, et a un régime direct : J'AIME *mon père*, J'ÉCRIS *une lettre*. Un moyen mécanique de reconnaître ce verbe, c'est de voir si l'on peut placer après lui *quelqu'un* ou *quelque chose*. Ainsi *estimer*, *dire* sont des verbes actifs, parce qu'on peut dire *j'estime quelqu'un, je dis quelque chose*.

Le verbe actif se conjugue dans ses temps composés avec l'auxiliaire *avoir*.

Nous allons conjuguer les verbes actifs *aimer, finir, recevoir* et *rendre*. Ces verbes, présentant l'ensemble des quatre conjugaisons, serviront de modèles pour la conjugaison de tous les verbes actifs, et de tous les verbes qui, comme ceux-ci, prennent l'auxiliaire *avoir* dans leurs temps composés.

PREMIÈRE CONJUGAISON EN *ER*.

INDICATIF.

PRÉSENT.

J'aime.
Tu aimes.
Il aime.
Nous aimons.
Vous aimez.
Ils aiment.

IMPARFAIT.

J'aimais.
Tu aimais.
Il aimait.
Nous aimions.
Vous aimiez.
Ils aimaient.

PASSÉ DÉFINI.

J'aimai.
Tu aimas.
Il aima.
Nous aimâmes.
Vous aimâtes.
Ils aimèrent.

PASSÉ INDÉFINI.

J'ai aimé.
Tu as aimé.
Il a aimé.
Nous avons aimé.
Vous avez aimé.
Ils ont aimé.

PASSÉ ANTÉRIEUR.

J'eus aimé.
Tu eus aimé.
Il eut aimé.
Nous eûmes aimé.
Vous eûtes aimé.
Ils eurent aimé (*).

PLUS-QUE-PARFAIT.

J'avais aimé.
Tu avais aimé.
Il avait aimé.
Nous avions aimé.
Vous aviez aimé.
Ils avaient aimé.

(*) Il y a un quatrième passé, dont on se sert rarement. Le voici : J'ai eu aimé, tu as eu aimé, il a eu aimé, nous avons eu aimé, vous avez eu aimé, ils ont eu aimé.

FUTUR.

J'aimerai.
Tu aimeras.
Il aimera.
Nous aimerons.
Vous aimerez.
Ils aimeront.

FUTUR ANTÉRIEUR.

J'aurai aimé.
Tu auras aimé.
Il aura aimé.
Nous aurons aimé.
Vous aurez aimé.
Ils auront aimé.

CONDITIONNEL.

PRÉSENT.

J'aimerais.
Tu aimerais.
Il aimerait.
Nous aimerions.
Vous aimeriez.
Ils aimeraient.

PASSÉ.

J'aurais aimé.
Tu aurais aimé.
Il aurait aimé.
Nous aurions aimé.
Vous auriez aimé.
Ils auraient aimé.
　　On dit aussi : *j'eusse aimé,
tu eusses aimé, il eût aimé,
nous eussions aimé, vous
eussiez aimé, ils eussent
aimé.*

IMPÉRATIF.

*Point de 1re personne du sing.
ni de 3e pour les 2 nombres.*
Aime.
Aimons.
Aimez.

SUBJONCTIF.

PRÉSENT OU FUTUR.

Que j'aime.
Que tu aimes.
Qu'il aime.
Que nous aimions.
Que vous aimiez.
Qu'ils aiment.

IMPARFAIT.

Que j'aimasse.
Que tu aimasses.
Qu'il aimât.
Que nous aimassions.
Que vous aimassiez.
Qu'ils aimassent.

PASSÉ.

Que j'aie aimé.
Que tu aies aimé.
Qu'il ait aimé.
Que nous ayons aimé.
Que vous ayez aimé.
Qu'ils aient aimé.

PLUS-QUE-PARFAIT.

Que j'eusse aimé.
Que tu eusses aimé.
Qu'il eût aimé.
Que nous eussions aimé.
Que vous eussiez aimé.
Qu'ils eussent aimé.

INFINITIF.

PRÉSENT.

Aimer.

PASSÉ.

Avoir aimé.

PARTICIPE.

PRÉSENT.

Aimant.

PASSÉ.

Aimé, aimée, ayant aimé.

Conjuguez de même les verbes *chanter,
donner, frapper, casser, fouler, porter, marcher, tourner, marquer, estimer, jouer, tâcher,
honorer, nommer, voler, louer, commander,*

inviter, *sauter*, *danser*, *parler*, *espérer*, etc.

OBSERVATIONS SUR CERTAINS VERBES DE LA
PREMIÈRE CONJUGAISON.

1º. Dans les verbes terminés en *ger*, comme *manger*, *juger*, le *g* doit toujours, pour la douceur de la prononciation, être suivi d'un *e* muet devant les voyelles *a, o* : *je mangeais, il jugea, nous partageons*.

2º. Dans les verbes terminés en *cer*, comme *menacer*, *annoncer*, on met une cédille sous le *c*, pour en adoucir la prononciation, devant les voyelles *a, o* : *je menaçais, annonçons*.

3o. Les verbes terminés à l'infinitif par *éer*, comme *créer*, *agréer*, prennent deux *e* de suite au présent de l'indicatif, au futur absolu, au conditionnel présent, à l'impératif, au présent du subjonctif et au participe passé masculin : *je crée, tu crées; je créerai; je créerais; crée; que je crée ; créé*. Au participe passé féminin, ils en prennent trois : *une proposition agréée*.

4º. Les verbes terminés à l'infinitif par *eler*, ou *eter*, comme *appeler*, *niveler*, *jeter*, *cacheter*, ne doublent les consonnes *l, t*, que devant un *e* muet : *j'appelle, j'appellerai, il jetterait, qu'il jette*, etc. Mais on dira avec une seule *l* et un seul *t* : *nous appelons, vous appelez, il jeta, ils jetèrent*, etc., la voyelle qui suit *l, t*, n'étant pas un *e* muet.

5º. Les verbes terminés au participe présent par *iant*, comme *prier*, *étudier*, *lier*, etc., dont le participe présent est *priant*, *étudiant*, *liant*, prennent deux *i* à la première et à la seconde personne plurielle de l'imparfait de l'indicatif et du présent du subjonctif : *nous priions, vous priiez; que nous étudiions, que vous étudiiez.*

6º. Les verbes terminés au participe présent par *yant*, comme *ployer*, *appuyer*, *payer*, etc., dont le participe présent est *ployant*, *appuyant*, *payant*, prennent un *y* et un *i* à la première et à la seconde personne plurielle de l'imparfait de l'indicatif et du présent du subjonctif : *nous ployions, vous ployiez; que nous appuyions, que vous appuyiez.*

Remarque. Dans la conjugaison de ces verbes, on n'emploie l'*y* que lorsqu'on entend le son de deux *i*; d'où il résulte que devant un *e* muet, où l'on n'entend que le son d'un *i*, on ne doit jamais faire usage de l'*y*, mais de l'*i* : *je ploie, tu essuies, j'appuierai, ils choient.*

SECONDE CONJUGAISON EN *IR.*

INDICATIF.

PRÉSENT.

Je finis.
Tu finis.
Il finit.
Nous finissons.
Vous finissez.
Ils finissent.

IMPARFAIT.

Je finissais.
Tu finissais.
Il finissait.
Nous finissions.
Vous finissiez.
Ils finissaient.

PASSÉ DÉFINI.

Je finis.
Tu finis.
Il finit.
Nous finîmes.
Vous finîtes.
Ils finirent.

PASSÉ INDÉFINI.

J'ai fini.
Tu as fini.
Il a fini.
Nous avons fini.
Vous avez fini.
Ils ont fini.

PASSÉ ANTÉRIEUR.

J'eus fini.
Tu eus fini.
Il eut fini.
Nous eûmes fini.
Vous eûtes fini.
Ils eurent fini (*).

(*) Il y a un quatrième passé, mais on s'en sert rarement. Le voici : J'ai eu fini, tu as eu fini, il a eu fini, nous avons eu fini, vous avez eu fini, ils ont eu fini.

PLUS-QUE-PARFAIT.

J'avais fini.
Tu avais fini.
Il avait fini.
Nous avions fini.
Vous aviez fini.
Ils avaient fini.

FUTUR.

Je finirai.
Tu finiras.
Il finira.
Nous finirons.
Vous finirez.
Ils finiront.

FUTUR ANTÉRIEUR.

J'aurai fini.
Tu auras fini.
Il aura fini.
Nous aurons fini.
Vous aurez fini.
Ils auront fini.

CONDITIONNEL.

PRÉSENT.

Je finirais.
Tu finirais.
Il finirait.
Nous finirions.
Vous finiriez.
Ils finiraient.

PASSÉ.

J'aurais fini.
Tu aurais fini.
Il aurait fini.
Nous aurions fini.
Vous auriez fini.
Ils auraient fini.

On dit aussi : *j'eusse fini,
tu eusses fini, il eût fini,
nous eussions fini, vous eussiez fini, ils eussent fini.*

IMPÉRATIF.

*Point de 1ʳᵉ personne du sing.
ni de 3ᵉ pour les 2 nombres.*
Finis.
Finissons.
Finissez.

SUBJONCTIF.

PRÉSENT OU FUTUR.

Que je finisse.
Que tu finisses.
Qu'il finisse.
Que nous finissions.
Que vous finissiez.
Qu'ils finissent.

IMPARFAIT.

Que je finisse.
Que tu finisses.
Qu'il finît.
Que nous finissions.
Que vous finissiez.
Qu'ils finissent.

PASSÉ.

Que j'aie fini.
Que tu aies fini.
Qu'il ait fini.
Que nous ayons fini.
Que vous ayez fini.
Qu'ils aient fini.

PLUS-QUE-PARFAIT.

Que j'eusse fini.
Que tu eusses fini.
Qu'il eût fini.
Que nous eussions fini.
Que vous eussiez fini.
Qu'ils eussent fini.

INFINITIF.

PRÉSENT.

Finir.

PASSÉ.

Avoir fini.

PARTICIPE.

PRÉSENT.

Finissant.

PASSÉ.

Fini, finie, ayant fini.

Conjuguez de même *avertir, guérir, unir,
ternir, embellir, bannir, mûrir, punir, blan-*

chir, noircir, fléchir, vieillir, nourrir, atten-
drir, fournir, remplir, amollir, saisir, affai-
blir, affermir, convertir, divertir, etc.

OBSERVATIONS SUR QUELQUES VERBES DE LA SECONDE CONJUGAISON.

1°. Le verbe *bénir* a deux participes passés :
bénit, bénite, qui signifie consacré par une
cérémonie religieuse : *de l'eau* BÉNITE, *du
pain* BÉNIT ; et *béni, bénie*, qui a toutes les
autres significations du verbe : *peuple* BÉNI *de
Dieu, famille* BÉNIE *du Ciel*.

2°. *Haïr* prend deux points sur l'*i* dans toute
la conjugaison, excepté aux trois personnes
singulières du présent de l'indicatif : *je hais,
tu hais, il hait ;* et à la seconde personne du
singulier de l'impératif : *hais.*

Remarque. Aux deux personnes du pluriel du passé défini
nous haîmes, vous haîtes, et à la troisième du singulier de
l'imparfait du subjonctif *qu'il haît,* les deux points sur l'*i* remplacent l'accent circonflexe.

3°. Le verbe *fleurir*, en parlant de la pros-
périté d'un empire, des sciences, etc., fait
florissait à l'imparfait de l'indicatif, et *florissant* au participe présent : *l'Empire des Assy-
riens florissait ; les sciences florissant en
Egypte.*

TROISIÈME CONJUGAISON EN *OIR*.

INDICATIF.

PRÉSENT.	IMPARFAIT.
Je reçois.	Je recevais.
Tu reçois.	Tu recevais.
Il reçoit.	Il recevait.
Nous recevons.	Nous recevions.
Vous recevez.	Vous receviez.
Ils reçoivent.	Ils recevaient.

PASSÉ DÉFINI.

Je reçus.
Tu reçus.
Il reçut.
Nous reçûmes.
Vous reçûtes.
Ils reçurent.

PASSÉ INDÉFINI.

J'ai reçu.
Tu as reçu.
Il a reçu.
Nous avons reçu.
Vous avez reçu.
Ils ont reçu.

PASSÉ ANTÉRIEUR.

J'eus reçu.
Tu eus reçu.
Il eut reçu.
Nous eûmes reçu.
Vous eûtes reçu.
Ils eurent reçu (*).

PLUS-QUE-PARFAIT.

J'avais reçu.
Tu avais reçu.
Il avait reçu.
Nous avions reçu.
Vous aviez reçu.
Ils avaient reçu.

FUTUR.

Je recevrai.
Tu recevras.
Il recevra.
Nous recevrons.
Vous recevrez.
Ils recevront.

FUTUR ANTÉRIEUR.

J'aurai reçu.
Tu auras reçu.
Il aura reçu.

Nous aurons reçu.
Vous aurez reçu.
Ils auront reçu.

CONDITIONNEL.

PRÉSENT.

Je recevrais.
Tu recevrais.
Il recevrait.
Nous recevrions.
Vous recevriez.
Ils recevraient.

PASSÉ.

J'aurais reçu.
Tu aurais reçu.
Il aurait reçu.
Nous aurions reçu.
Vous auriez reçu.
Ils auraient reçu.

On dit aussi : *j'eusse reçu, tu eusses reçu, il eût reçu, nous eussions reçu, vous eussiez reçu, ils eussent reçu.*

IMPÉRATIF.

Point de 1re personne du sing ni de 3e pour les 2 nombres.

Reçois.
Recevons.
Recevez.

SUBJONCTIF.

PRÉSENT OU FUTUR.

Que je reçoive.
Que tu reçoives.
Qu'il reçoive.
Que nous recevions.
Que vous receviez.
Qu'ils reçoivent.

(*) Il y a un quatrième passé, mais on s'en sert rarement. Le voici : J'ai eu reçu, tu as eu reçu, il a eu reçu, nous avons eu reçu, vous avez eu reçu, ils ont eu reçu.

2

IMPARFAIT.

Que je reçusse.
Que tu reçusses.
Qu'il reçût.
Que nous reçussions.
Que vous reçussiez.
Qu'ils reçussent.

PASSÉ.

Que j'aie reçu.
Que tu aies reçu.
Qu'il ait reçu.
Que nous ayons reçu.
Que vous ayez reçu.
Qu'ils aient reçu.

PLUS-QUE-PARFAIT.

Que j'eusse reçu.
Que tu eusses reçu.

Qu'il eût reçu.
Que nous eussions reçu.
Que vous eussiez reçu.
Qu'ils eussent reçu.

INFINITIF.

PRÉSENT.

Recevoir.

PASSÉ.

Avoir reçu.

PARTICIPE.

PRÉSENT.

Recevant.

PASSÉ.

Reçu, reçue, ayant reçu.

Conjuguez de même *apercevoir*, *concevoir*, *percevoir*, *décevoir*, etc., etc.

QUATRIÈME CONJUGAISON EN *RE*.

INDICATIF.

PRÉSENT.

Je rends.
Tu rends.
Il rend.
Nous rendons.
Vous rendez.
Ils rendent.

IMPARFAIT.

Je rendais.
Tu rendais.
Il rendait.
Nous rendions.
Vous rendiez.
Ils rendaient.

PASSÉ DÉFINI.

Je rendis.
Tu rendis.
Il rendit.
Nous rendîmes.
Vous rendîtes.
Ils rendirent.

PASSÉ INDÉFINI.

J'ai rendu.
Tu as rendu.
Il a rendu.
Nous avons rendu.
Vous avez rendu.
Ils ont rendu.

PASSÉ ANTÉRIEUR.

J'eus rendu.
Tu eus rendu.
Il eut rendu.
Nous eûmes rendu.
Vous eûtes rendu.
Ils eurent rendu (*).

PLUS-QUE-PARFAIT.

J'avais rendu.
Tu avais rendu.
Il avait rendu.
Nous avions rendu.
Vous aviez rendu.
Ils avaient rendu.

FUTUR.

Je rendrai.
Tu rendras.
Il rendra.
Nous rendrons.
Vous rendrez.
Ils rendront.

FUTUR ANTÉRIEUR.

J'aurai rendu.
Tu auras rendu.
Il aura rendu.
Nous aurons rendu.
Vous aurez rendu.
Ils auront rendu.

CONDITIONNEL.

PRÉSENT.

Je rendrais.
Tu rendrais.
Il rendrait.
Nous rendrions.
Vous rendriez.
Ils rendraient.

PASSÉ.

J'aurais rendu.
Tu aurais rendu.

Il aurait rendu.
Nous aurions rendu.
Vous auriez rendu.
Ils auraient rendu.

On dit aussi : *j'eusse rendu, tu eusses rendu, il eût rendu, nous eussions rendu, vous eussiez rendu, ils eussent rendu.*

IMPÉRATIF.

Point de 1re personne du sing. ni de 3e pour les 2 nombres.
Rends.
Rendons.
Rendez.

SUBJONCTIF.

PRÉSENT OU FUTUR.

Que je rende.
Que tu rendes.
Qu'il rendé.
Que nous rendions.
Que vous rendiez.
Qu'ils rendent.

IMPARFAIT.

Que je rendisse.
Que tu rendisses.
Qu'il rendît.
Que nous rendissions.
Que vous rendissiez.
Qu'ils rendissent.

PASSÉ.

Que j'aie rendu.
Que tu aies rendu.
Qu'il ait rendu.
Que nous ayons rendu.
Que vous ayez rendu.
Qu'ils aient rendu.

PLUS-QUE-PARFAIT.

Que j'eusse rendu.
Que tu eusses rendu.

(*) Il y a un quatrième passé, mais on s'en sert rarement. Le voici : J'ai eu rendu, tu as eu rendu, il a eu rendu, nous avons eu rendu, vous avez eu rendu, ils ont eu rendu.

Qu'il eût rendu.
Que nous eussions rendu.
Que vous eussiez rendu,
Qu'ils eussent rendu.

INFINITIF.

PRÉSENT.

Rendre.

PASSÉ.

Avoir rendu.

PARTICIPE.

PRÉSENT.

Rendant.

PASSÉ.

Rendu, rendue, ayant rendu.

OBSERVATIONS SUR QUELQUES VERBES DE CETTE CONJUGAISON.

Parmi les verbes de cette conjugaison terminés en *dre*, il y en a qui, aux trois personnes du singulier, remplacent *ds, ds, d* par *s, s, t* : *je joins, tu joins, il joint*. Ce sont ceux qui sont terminés à l'infinitif par *indre* ou par *soudre*, comme *peindre, craindre, joindre; absoudre, résoudre*, etc. : *je peins, tu peins, il peint; je crains, tu crains, il craint*.

DU VERBE PASSIF.

Le verbe *passif* est le contraire du verbe actif : il marque une action reçue, soufferte par le sujet, et se forme du verbe actif, dont on prend le régime direct pour former le sujet du verbe passif. Ainsi de l'actif : *j'aime mon père, j'écris une lettre*, on forme le passif : *mon père est aimé, une lettre est écrite par moi*.

Il n'y a qu'une seule conjugaison pour tous les verbes passifs ; elle se compose de l'auxiliaire *être* dans tous ses temps, et du participe passé du verbe actif que l'on veut conjuguer passivement.

INDICATIF.

PRÉSENT.

J'e suis
Tu es
Il *ou* elle est
} aimé
ou
aimée.

Nous sommes
Vous êtes
Ils *ou* elles sout
} aimés
ou
aimées.

IMPARFAIT.

J'étais
Tu étais
Il *ou* elle était
} aimé
ou
aimée.

Nous étions
Vous étiez
Ils *ou* elles étaient
} aimés
ou
aimées.

PASSÉ DÉFINI.

Je fus
Tu fus
Il *ou* elle fut
} aimé
ou
aimée.

Nous fûmes
Vous fûtes
Ils *ou* elles furent
} aimés
ou
aimées.

PASSÉ INDÉFINI.

J'ai été
Tu as été
Il *ou* elle a été
} aimé
ou
aimée.

Nous avons été
Vous avez été
Ils *ou* elles ont été
} aimés
ou
aimées.

PASSÉ ANTÉRIEUR.

J'eus été
Tu eus été
Il *ou* elle eut été
} aimé
ou
aimée.

Nous eûmes été
Vous eûtes été
Ils *ou* elles eurent été
} aimés
ou
aimées.

PLUS-QUE-PARFAIT.

J'avais été
Tu avais été
Il *ou* elle avait été
} aimé
ou
aimée.

Nous avions été
Vous aviez été
Ils *ou* elles avaient été
} aimés
ou
aimées.

FUTUR.

Je serai
Tu seras
Il *ou* elle sera
} aimé
ou
aimée.

Nous serons
Vous serez
Ils *ou* elles seront
} aimés
ou
aimées.

FUTUR ANTÉRIEUR.

J'aurai été
Tu auras été
Il *ou* elle aura été
} aimé
ou
aimée.

Nous aurons été
Vous aurez été
Ils *ou* elles auront été
} aimés
ou
aimées.

CONDITIONNEL.

PRÉSENT.

Je serais }
Tu serais }
Il *ou* elle serait } aimé *ou* aimée.

Nous serions }
Vous seriez }
Ils *ou* elles seraient } aimés *ou* aimées.

PASSÉ.

J'aurais été }
Tu aurais été }
Il *ou* elle aurait été } aimé *ou* aimée.

Nous aurions été }
Vous auriez été }
Ils *ou* elles auraient été } aimés *ou* aimées.

On dit aussi :

J'eusse été }
Tu eusses été }
Il *ou* elle eût été } aimé *ou* aimée.

Nous eussions été }
Vous eussiez été }
Ils *ou* elles eussent été } aimés *ou* aimées.

IMPÉRATIF.

Point de 1re personne du sing.
ni de 3e pour les 2 nombres.

Sois { aimé *ou* aimée.

Soyons }
Soyez } aimés *ou* aimées.

SUBJONCTIF.

PRÉSENT OU FUTUR.

Que je sois }
Que tu sois }
Qu'il *ou* qu'elle soit } aimé *ou* aimée.

Que nous soyons }
Que vous soyez }
Qu'ils *ou* qu'elles soient } aimés *ou* aimées.

IMPARFAIT.

Que je fusse }
Que tu fusses }
Qu'il *ou* qu'elle fût } aimé *ou* aimée.

Que nous fussions }
Que vous fussiez }
Qu'ils *ou* qu'elles fussent } aimés *ou* aimées.

PASSÉ.

Que j'aie été }
Que tu aies été }
Qu'il *ou* qu'elle ait été } aimé *ou* aimée.

Que nous ayons été }
Que vous ayez été }
Qu'ils *ou* qu'elles aient été } aimés *ou* aimées.

PLUS-QUE-PARFAIT.

Que j'eusse été }
Que tu eusses été }
Qu'il *ou* qu'elle eût été } aimé *ou* aimée.

Que nous eussions été }
Que vous eussiez été }
Qu'ils *ou* qu'elles eussent été } aimés *ou* aimées.

INFINITIF.

PRÉSENT.

Être aimé *ou* aimée.

PASSÉ.

Avoir été aimé *ou* aimée.

PARTICIPE.

PRÉSENT.

Étant aimé *ou* aimée.

PASSÉ.

Ayant été aimé *ou* aimée.

Conjuguez de même les verbes *être adoré*, *être estimé*, *être uni*, *être aperçu*, *être déçu*, *être entendu*, *être vendu*, etc.

DES VERBES NEUTRES.

Le verbe *neutre* marque, comme le verbe actif, une action faite par le sujet ; mais il en diffère en ce qu'il ne saurait avoir de régime direct : *je vais en Italie, je travaille avec courage*. On reconnaît mécaniquement qu'un verbe est neutre, quand on ne peut pas placer immédiatement après lui *quelqu'un* ou *quelque chose* ; conséquemment *plaire, languir* sont des verbes neutres, parce qu'on ne dit pas : *je plais quelqu'un, je languis quelque chose*.

Parmi les verbes neutres, il y en a qui prennent l'auxiliaire *avoir* dans leurs temps composés, comme *régner, bondir*, etc. ; et d'autres, l'auxiliaire *être*, tels sont *aller, venir*, etc.

Les temps simples des verbes neutres sont en tout conformes aux modèles que nous avons donnés (pag. 27 et suivantes) pour les verbes actifs des quatre conjugaisons.

Les temps composés qui se conjuguent avec *avoir* suivent également ces modèles. Ainsi *succéder* et *blanchir* se conjuguent entièrement sur *aimer* et sur *finir*.

A l'égard des temps composés qui prennent l'auxiliaire *être*, ils s'écartent de ces modèles, en ce qu'ils remplacent les temps de l'auxiliaire *avoir* par les temps correspondants de l'auxiliaire *être*. Ainsi *j'ai, j'avais, j'aurai, j'aurais*, etc., se remplacent par *je suis, j'é-tais, je serai, je serais*, etc.; passé indéfini *je suis venu*; passé antérieur : *je fus venu*; plus-que-parfait : *j'étais venu*; futur antérieur : *je serai venu*, etc., etc.

Pour faciliter la conjugaison des verbes neutres, nous allons conjuguer le verbe neutre *sortir*, qui forme ses temps composés à l'aide de l'auxiliaire *être*.

Verbe neutre SORTIR.

INDICATIF.

PRÉSENT.

Je sors.
Tu sors.
Il *ou* elle sort.
Nous sortons.
Vous sortez.
Ils *ou* elles sortent.

IMPARFAIT.

Je sortais.
Tu sortais.
Il *ou* elle sortait.
Nous sortions.
Vous sortiez.
Ils *ou* elles sortaient.

PASSÉ DÉFINI.

Je sortis.
Tu sortis.
Il *ou* elle sortit.
Nous sortîmes.
Vous sortîtes.
Ils *ou* elles sortirent.

PASSÉ INDÉFINI.

Je suis { sorti
Tu es { *ou*
Il *ou* elle est { sortie.
Nous sommes { sortis
Vous êtes { *ou*
Ils *ou* elles sont. { sorties.

PASSÉ ANTÉRIEUR.

Je fus { sorti
Tu fus { *ou*
Il *ou* elle fût { sortie.
Nous fûmes { sortis
Vous fûtes { *ou*
Ils *ou* elles furent { sorties.

PLUS-QUE-PARFAIT.

J'étais { sorti
Tu étais { *ou*
Il *ou* elle était { sortie.
Nous étions { sortis
Vous étiez { *ou*
Ils *ou* elles étaient { sorties.

FUTUR.

Je sortirai.
Tu sortira.
Il *ou* elle sortira.
Nous sortirons.
Vous sortirez.
Ils *ou* elles sortiront.

FUTUR ANTÉRIEUR.

Je serai { sorti
Tu seras { *ou*
Il *ou* elle sera { sortie.
Nous serons { sortis
Vous serez { *ou*
Ils *ou* elles seront. { sorties.

CONDITIONNEL.

PRÉSENT.

Je sortirais.
Tu sortirais.
Il *ou* elle sortirait.
Nous sortirions.
Vous sortiriez.
Ils *ou* elles sortiraient.

PASSÉ.

Je serais
Tu serais
Il *ou* elle serait { sorti *ou* sortie.
Nous serions
Vous seriez
Ils *ou* elles seraient { sortis *ou* sorties.

On dit aussi :

Je fusse
Tu fusses
Il ou elle fût { sorti *ou* sortie
Nous fussions
Vous fussiez
Ils ou elles fussent { sortis *ou* sorties.

IMPÉRATIF.

*Point de 1re personne du sing.
ni de 3e pour les 2 nombres.*

Sors.
Sortons.
Sortez.

SUBJONCTIF.

PRÉSENT ou FUTUR.

Que je sorte.
Que tu sortes.
Qu'il *ou* qu'elle sorte.
Que nous sortions.
Que vous sortiez.
Qu'ils *ou* qu'elles sortent.

IMPARFAIT.

Que je sortisse.
Que tu sortisses.
Qu'il *ou* qu'elle sortît.
Que nous sortissions.
Que vous sortissiez.
Qu'ils *ou* qu'elles sortissent.

PASSÉ.

Que je sois
Que tu sois
Qu'il *ou* qu'elle soit { sorti *ou* sortie.
Que nous soyons
Que vous soyez
Qu'ils *ou* qu'elles soient { sortis *ou* sorties.

PLUS-QUE-PARFAIT.

Que je fusse
Que tu fusses
Qu'il *ou* qu'elle fût { sorti *ou* sortie
Que nous fussions
Que vous fussiez
Qu'ils *ou* qu'elles fussent { sortis *ou* sorties.

INFINITIF.

PRÉSENT.

Sortir.

PASSÉ.

Être sorti *ou* sortie.

PARTICIPE.

PRÉSENT.

Sortant.

PASSÉ.

Sorti, sortie, étant sorti *ou* sortie.

Conjuguez de même, pour les temps composés, *tomber, rester, aller, venir, partir,* etc.

DES VERBES PRONOMINAUX.

Le verbe *pronominal* se conjugue avec deux pronoms de la même personne, comme *je me; tu te , il se , nous nous , vous vous , ils se; je me flatte; tu te proposes ; il se repent ;* etc.

Les verbes pronominaux prennent l'auxiliaire *être* dans leurs temps composés ; mais alors cet auxiliaire y est employé pour *avoir,* et *je me suis flatté , nous nous étions présentés, que vous vous fussiez blessé,* signifient *j'ai flatté moi, nous avons présenté nous, que vous eussiez blessé vous.*

Les verbes pronominaux n'ont pas de conjugaison qui leur soit particulière. Dans leurs temps simples , ils se conjuguent comme les verbes de la conjugaison à laquelle ils appartiennent; et dans leurs temps composés , ils prennent pour modèle le verbe *sortir.*

Pour faciliter la conjugaison de ces verbes, nous allons conjuguer le verbe pronominal *se flatter.*

INDICATIF.

PRÉSENT.

Je me flatte.
Tu te flattes.
Il *ou* elle se flatte.
Nous nous flattons.
Vou vous flattez.
Ils *ou* elles se flattent.

IMPARFAIT.

Je me flattais.
Tu te flattais.
Il *ou* elle se flattait.
Nous nous flattions.
Vous vous flattiez.
Ils *ou* elles se flattaient.

PASSÉ DÉFINI.

Je me flattai.
Tu te flattas.
Il *ou* elle se flatta.
Nous nous flattâmes.
Vous vous flattâtes.
Ils *ou* elles se flattèrent.

PASSÉ INDÉFINI.

Je me suis } flatté
Tu t'es } ou
Il *ou* elle s'est } flattée.

Nous nous som- } flattés
mes } ou
Vous vous êtes } flattées.
Ils *ou* elles se sont }

PASSÉ ANTÉRIEUR.

Je me fus } flatté
Tu te fus } ou
Il *ou* elle se fut } flattée.

Nous nous fûmes } flattés
Vous vous fûtes } ou
Ils *ou* elles se fu- } flattées.
rent

PLUS-QUE-PARFAIT.

Je m'étais } flatté
Tu t'étais } ou
Il *ou* elle s'était } flattée.

Nous nous étions } flattés
Vous vous étiez } ou
Ils *ou* elles s'étaient } flattées.

FUTUR.

Je me flatterai.
Tu te flatteras.
Il *ou* elle se flattera.
Nous nous flatterons.
Vous vous flatterez.
Ils *ou* elles se flatteront.

FUTUR ANTÉRIEUR.

Je me serai } flatté
Tu te seras } ou
Il *ou* elle se sera } flattée.

Nous nous serons } flatté:
Vous vous serez } ou
Ils *ou* elles se seront } flattées.

CONDITIONNEL.

PRÉSENT.

Je me flatterais.
Tu te flatterais.
Il *ou* elle se flatterait.

Nous nous flatterions.
Vous vous flatteriez.
Ils *ou* elles se flatteraient.

PASSÉ.

Je me serais } flatté
Tu te serais } ou
Il *ou* elle se serait } flattée.

Nous nous serions } flattés
Vous vous seriez } ou
Ils *ou* elles se se- } flattées.
raient

On dit aussi :

Je me fusse } flatté
Tu te fusses } ou
Il *ou* elle se fût } flattée.

Nous nous fus- } flattés
sions } ou
Vous vous fussies } flattées.
Ils *ou* elles se }
fussent

IMPÉRATIF.

*Point de 1ʳᵉ personne du sing.
ni de 3ᵉ pour les 2 nombres.*

Flatte-toi.
Flattons-nous.
Flattez-vous.

SUBJONCTIF.

PRÉSENT OU FUTUR.

Que je me flatte.
Que tu te flattes.
Qu'il *ou* qu'elle se flatte.
Que nous nous flattions.
Que vous vous flattiez.
Qu'ils *ou* qu'elles se flattent.

IMPARFAIT.

Que je me flattasse.
Que tu te flattasses.
Qu'il *ou* qu'elle se flattât.

Que nous nous flattassions.
Que vous vous flattassiez.
Qu'ils *ou* qu'elles se flattassent.

PASSÉ.

Que je me sois
Que tu te sois
Qu'il *ou* qu'elle se soit
} flatté *ou* flattée.

Que nous nous soyons
Que vous vous soyez
Qu'ils *ou* qu'elles se soient
} flattés *ou* flattées.

PLUS-QUE-PARFAIT.

Que je me fusse
Que tu te fusses
Qu'il *ou* qu'elle se fût
} flatté *ou* flattée.

Que nous nous fussions
Que vous vous fussiez
Qu'ils *ou* qu'elles se fussent
} flattés *ou* flattées.

INFINITIF.

PRÉSENT.

Se flatter.

PASSÉ.

S'être flatté *ou* flattée.

PARTICIPE.

PRÉSENT.

Se flattant.

PASSÉ.

S'étant flatté *ou* flattée.

DU VERBE IMPERSONNEL.

Le verbe *impersonnel* est celui qui ne s'emploie qu'à la troisième personne du singulier, et qui a toujours pour sujet le pronom *il* : *il faut*, *il pleut*, *il y a*, *il résulte*, etc.

Les verbes impersonnels n'ont pas de conjugaison qui leur soit particulière : ils se conjuguent sur les modèles que nous avons donnés (page 27) pour les verbes actifs des quatre conjugaisons; ainsi *il importe* se conjugue sur *aimer*, et *il convient*, sur *finir*.

VERBE FALLOIR.

INDICATIF.

PRÉSENT.

Il faut.

IMPARFAIT.

Il fallait.

PASSÉ DÉFINI.

Il fallut.

PASSÉ INDÉFINI.

Il a fallu.

PASSÉ ANTÉRIEUR.

Il eut fallu.

PLUS-QUE-PARFAIT.

Il avait fallu.

FUTUR.	IMPARFAIT.
Il faudra.	Qu'il fallût.
FUTUR ANTÉRIEUR.	PASSÉ.
Il aura fallu.	Qu'il ait fallu.
CONDITIONNEL.	PLUS-QUE-PARFAIT.
PRÉSENT.	Qu'il eût fallu.
Il faudrait.	INFINITIF.
PASSÉ.	PRÉSENT.
Il aurait fallu.	Falloir.
SUBJONCTIF.	PARTICIPE.
PRÉSENT OU FUTUR.	PASSÉ.
Qu'il faille.	Ayant fallu.

Remarque. Parmi les verbes impersonnels, il y en a quelques-uns qui prennent *être* dans leurs temps composés ; ils se conjuguent, pour ces temps, sur le verbe neutre *sortir.* Conjuguez ainsi les temps composés des verbes impersonnels *il résulte, il survient,* etc.

FORMATION DES TEMPS.

Parmi les temps des verbes, il y en a cinq qui servent à former tous les autres, et qu'on appelle, pour cette raison, temps *primitifs* ; ce sont : le *présent de l'infinitif,* le *participe présent,* le *participe passé,* le *présent de l'indicatif* et le *passé défini.* Les temps formés de ceux-là se nomment temps *dérivés.*

L'INFINITIF forme deux temps :

1°. Le *futur absolu,* par le changement de r, re ou oir en *rai : aimer, j'aimerai ; rendre, je rendrai ; recevoir, je recevrai.*

EXCEPTIONS.

PREMIÈRE CONJUGAISON. *Aller* fait au futur *j'irai, tu iras,* etc. *Envoyer* et *renvoyer* font au futur *j'enverrai, tu enverras,* etc. ; *je renverrai, tu renverras,* etc.

Seconde conjugaison. *Courir* fait au futur *je courrai*, et de même ses composés; *mourir, je mourrai; acquérir, j'acquerrai,* et ses analogues de même; *tenir, venir: je tiendrai, je viendrai,* etc.

Troisième conjugaison. *Avoir* fait au futur *j'aurai; savoir, je saurai; échoir, déchoir* font *il écherra, il décherra; pouvoir* fait *je pourrai; vouloir, je voudrai; valoir, je vaudrai; voir, je verrai,* et ses composés de même; *falloir* fait *il faudra; pleuvoir, il pleuvra; asseoir* fait *j'assiérai* ou *j'asseierai.*

Quatrième conjugaison. *Faire* fait au futur *je ferai,* et de même tous ses composés; *être, je serai.*

2°. Le *conditionnel présent,* par le changement de *r, re* ou *oir,* en *rais: aimer, j'aimerais; finir, je finirais; rendre, je rendrais; recevoir, je recevrais.*

EXCEPTIONS :

Sont exceptés tous les verbes qui forment irrégulièrement leur futur, comme *aller, envoyer, renvoyer, courir, mourir, pouvoir, faire,* etc., qui forment leur conditionnel du futur, en changeant *rai* en *rais: j'irais, j'enverrais, je renverrais, je courrais,* etc.

Le Participe présent forme trois temps :

1°. Les trois personnes plurielles du *présent de l'indicatif,* par le changement de *ant* en *ons, ez, ent: aimant, nous aimons, vous aimez, ils aiment; finissant, nous finissons, vous finissez, ils finissent,* etc.

EXCEPTIONS:

Ayant fait *nous avons, vous avez, ils ont* ; *étant* fait *nous sommes, vous êtes, ils sont* ; *sachant* fait *nous savons, vous savez, ils savent* ; *faisant* fait *nous faisons, vous faites, ils font*, et de même tous ses composés ; *disant* fait *nous disons, vous dites, ils disent* ; *redisant* fait *nous redisons, vous redites, ils redisent*. Tous les autres composés de *dire* sont réguliers, c'est-à-dire, qu'ils remplacent *tes* par *sez* : *vous prédisez, vous médisez*, etc.

2°. *L'imparfait de l'indicatif*, par le changement de *ant* en *ais* : *aimant, j'aimais ; finissant, je finissais*, etc.

EXCEPTIONS :

Il n'y en a que deux : *ayant* fait *j'avais, tu avais*, etc. ; *sachant, je savais, tu savais*, etc.

3°. Le *présent du subjonctif*, par le changement de *ant* en *e* : *aimant, que j'aime ; finissant, que je finisse*, etc.

EXCEPTIONS :

PREMIÈRE CONJUGAISON. *Allant, que j'aille, que tu ailles, qu'il aille, que nous allions, que vous alliez, qu'ils aillent.*

SECONDE CONJUGAISON. *Tenant, que je tienne, que tu tiennes, qu'il tienne, que nous tenions, que vous teniez, qu'ils tiennent*, et de même tous les verbes en *enir* ; *mourant, que je meure, que tu meures, qu'il meure, que nous mourions, que vous mouriez, qu'ils meurent* ; *acquérir, que j'acquière, que tu acquières, qu'il acquière, que nous acquérions, que vous acquériez, qu'ils acquièrent* ; et tous les analogues de même : *requérir, conquérir*, etc., *que je conquière, que je requière*.

TROISIÈME CONJUGAISON. *Pouvant* fait que *je puisse*, que *tu puisses*, etc. ; *valant*, que *je vaille*, que *tu vailles*, qu'il *vaille*, que *nous valions*, que *vous valiez*, qu'ils *vaillent*; *voulant*, que je *veuille*, que *tu veuilles*, qu'il *veuille*, que *nous voulions*, que *vous vouliez*, qu'ils *veuillent*; *mouvant*, que je *meuve*, que *tu meuves*, qu'il *meuve*, que *nous mouvions*, que *vous mouviez*, qu'ils *meuvent*. *Falloir*, sans participe présent, fait au subjonctif présent, qu'il *faille*.

QUATRIÈME CONJUGAISON. *Buvant*, que je *boive*, que *tu boives*, qu'il *boive*, que *nous buvions*, que *vous buviez*, qu'ils *boivent*; *faisant*, que je *fasse*, etc. *Prenant*, que je *prenne*, que *tu prennes*, qu'il *prenne*, que *nous prenions*, que *vous preniez*, qu'ils *prennent*; et de même tous les composés de ce verbe : que je *comprenne*, que *tu comprennes*, etc. ; que je *surprenne*, que *tu surprennes*. *Étant* fait que je *sois*, que *tu sois*, qu'il *soit*, que *nous soyons*, que *vous soyez*, qu'ils *soient*; *ayant*, que *j'aie*, que *tu aies*, qu'il *ait*, que *nous ayons*, que *vous ayez*, qu'ils *aient*.

Le PARTICIPE PASSÉ forme tous les temps composés, par le moyen des auxiliaires *avoir* et *être* : *j'ai aimé, je suis estimé, j'avais fini, j'étais reçu, j'aurai rendu, je serais arrivé*, etc.

Le PRÉSENT DE L'INDICATIF forme l'*impératif*, par la suppression des pronoms qui servent de sujets : *j'aime, aime ; nous aimons, aimons ; vous aimez, aimez. Je finis, finis; nous finissons, finissons ; vous finissez, finissez.*

Le PASSÉ DÉFINI forme l'*imparfait du subjonctif* par le changement de *ai* en *asse*, pour

la première conjugaison : *j'aimai*, que *j'aimasse* ;
et par l'addition de *se*, pour les trois autres :
je finis, que *je finisse* ; *je reçus*, que *je reçusse*, etc.

DES VERBES IRRÉGULIERS.

On appelle verbes irréguliers ceux qui ne
sont pas en tout conformes aux modèles des
quatre conjugaisons, soit pour les temps
primitifs, soit pour les temps dérivés.

Nous allons faire connaître dans les tableaux
suivants les verbes qui présentent des irrégularités dans leurs temps primitifs.

A l'égard des irrégularités qui ont lieu dans
les temps dérivés, nous les avons signalées,
en parlant des exceptions, à la formation des
temps dérivés.

3

VERBES IRRÉGULIERS.

PRÉSENT de L'INFINITIF.	PARTICIPE PRÉSENT.	PARTICIPE PASSÉ.	PRÉSENT de L'INDICATIF.	PASSÉ DÉFINI.
TEMPS PRIMITIFS.				

PREMIÈRE CONJUGAISON.

PRÉSENT de L'INFINITIF.	PARTICIPE PRÉSENT.	PARTICIPE PASSÉ.	PRÉSENT de L'INDICATIF.	PASSÉ DÉFINI.
Aller.	Allant.	Allé.	Je vais.	J'allai.
Envoyer.	Envoyant.	Envoyé.	J'envoie.	J'envoyai.

SECONDE CONJUGAISON.

PRÉSENT de L'INFINITIF.	PARTICIPE PRÉSENT.	PARTICIPE PASSÉ.	PRÉSENT de L'INDICATIF.	PASSÉ DÉFINI.
Courir.	Courant.	Couru.	Je cours.	Je courus.
Bouillir.	Bouillant.	Bouilli.	Je bous.	Je bouillis.
Cueillir.	Cueillant.	Cueilli.	Je cueille.	Je cueillis.
Fuir.	Fuyant.	Fui.	Je fuis.	Je fuis.
Mourir.	Mourant.	Mort.	Je meurs.	Je mourus.
Faillir.	Faillant.	Failli.	Je faux.	Je faillis.
Acquérir.	Acquérant.	Acquis.	J'acquiers.	J'acquis.
Tressaillir.	Tressaillant.	Tressailli.	Je tressaille.	Je tressaillis.
Vêtir.	Vêtant.	Vêtu.	Je vêts.	Je vêtis.
Tenir.	Tenant.	Tenu.	Je tiens.	Je tins.
Venir.	Venant.	Venu.	Je viens.	Je vins.
Partir.	Partant.	Parti.	Je pars.	Je partis.
Sortir.	Sortant.	Sorti.	Je sors.	Je sortis.
Ouvrir.	Ouvrant.	Ouvert.	J'ouvre.	J'ouvris.
Offrir.	Offrant.	Offert.	J'offre.	J'offris.
Dormir.	Dormant.	Dormi.	Je dors.	Je dormis.
Mentir.	Mentant.	Menti.	Je mens.	Je mentis.
Sentir.	Sentant.	Senti.	Je sens.	Je sentis.

VERBES IRRÉGULIERS.

TEMPS PRIMITIFS.

PRÉSENT de L'INFINITIF.	PARTICIPE PRÉSENT.	PARTICIPE PASSÉ.	PRÉSENT de L'INDICATIF.	PASSÉ DÉFINI.
TROISIÈME CONJUGAISON.				
Choir.				
Déchoir.		Déchu.	Je déchois.	Je déchus.
Echoir.	Échéant.	Echu.	J'échois.	J'échus.
Falloir.		Fallu.	Il faut.	Il fallut.
Mouvoir.	Mouvant.	Mu.	Je meus.	Je mus.
Pleuvoir.	Pleuvant.	Plu.	Il pleut.	Il plut.
Pourvoir.	Pourvoyant.	Pourvu.	Je pourvois.	Je pourvus.
Pouvoir.	Pouvant.	Pu.	Je peux ou je puis.	Je pus.
Savoir.	Sachant.	Su.	Je sais.	Je sus.
S'asseoir.	S'asseyant.	Assis.	Je m'assieds.	Je m'assis.
Valoir.	Valant.	Valu.	Je vaux.	Je valus.
Prévaloir.	Prévalant.	Prévalu.	Je prévaux.	Je prévalus.
Voir.	Voyant.	Vu.	Je vois.	Je vis.
Vouloir.	Voulant.	Voulu.	Je veux.	Je voulus.

VERBES IRRÉGULIERS.

TEMPS PRIMITIFS.

PRÉSENT de L'INFINITIF.	PARTICIPE PRÉSENT.	PARTICIPE PASSÉ.	PRÉSENT de L'INDICATIF.	PASSÉ DÉFINI.

QUATRIÈME CONJUGAISON.

Battre.	Battant.	Battu.	Je bats.	Je battis.
Boire.	Buvant.	Bu.	Je bois.	Je bus.
Absoudre.	Absolvant.	Absous (ab-soute au fém.)	J'absous.	
Résoudre.	Résolvant.	Résous, ré-solu.	Je résous.	Je résolus.
Braire.			Il brait.	
Bruire.	Bruyant.			
Circoncire.	Circoncisant.	Circoncis.	Je circoncis.	Je circoncis.
Clore.		Clos.	Je clos.	
Conclure.	Concluant.	Conclu.	Je conclus.	Je conclus.
Confire.	Confisant.	Confit.	Je confis.	Je confis.
Coudre.	Cousant.	Cousu.	Je couds.	Je cousis.
Croire.	Croyant.	Cru.	Je crois.	Je crus.
Dire.	Disant.	Dit.	Je dis.	Je dis.
Maudire.	Maudissant.	Maudit.	Je maudis.	Je maudis.
Croître.	Croissant.	Crû.	Je crois.	Je crûs.
Éclore.		Éclos.	Il éclot.	
Écrire.	Écrivant.	Écrit.	J'écris.	J'écrivis.
Exclure.	Excluant.	Exclu.	J'exclus.	J'exclus.
Faire.	Faisant.	Fait.	Je fais.	Je fis.
Joindre.	Joignant.	Joint.	Je joins.	Je joignis.
Lire.	Lisant.	Lu.	Je lis.	Je lus.
Luire.	Luisant.	Lui.	Je luis.	
Mettre.	Mettant.	Mis.	Je mets.	Je mis.
Moudre.	Moulant.	Moulu.	Je mouds.	Je moulus.
Naître.	Naissant.	Né.	Je nais.	Je naquis.
Nuire.	Nuisant.	Nui.	Je nuis.	Je nuisis.
Répondre.	Répondant.	Répondu.	Je réponds.	Je répondis.
Rire.	Riant.	Ri.	Je ris.	Je ris.
Rompre.	Rompant.	Rompu.	Je romps.	Je rompis.
Prendre.	Prenant.	Pris.	Je prends.	Je pris.
Suffire.	Suffisant.	Suffi.	Je suffis.	Je suffis.
Suivre.	Suivant.	Suivi.	Je suis.	Je suivis.
Traire.	Trayant.	Trait.	Je trais.	
Vaincre.	Vainquant.	Vaincu.	Je vaincs.	Je vainquis.
Vivre.	Vivant.	Vécu.	Je vis.	Je vécus.

Les composés des verbes irréguliers contenus dans ces tableaux suivent la conjugaison de leurs simples. Ainsi *renvoyer*, *repartir*, *convaincre*, *promettre*, etc., se conjuguent absolument comme *envoyer*, *partir*, *mettre*.

A l'aide de ces tableaux et des règles qui ont été données précédemment sur la formation des temps dérivés, il n'est point de verbes qu'on ne puisse conjuguer.

Accord du verbe avec son sujet.

RÈGLE. Le verbe s'accorde en nombre et en personne avec son sujet : *je plains les malheureux* ; *plains* est au singulier et à la première personne, parce que son sujet *je* est du singulier et de la première personne. *Les richesses éblouissent les hommes* ; *éblouissent* est au pluriel et à la troisième personne, parce que son sujet *richesse* est du pluriel et de la troisième personne.

I. *Remarque.* Si le sujet se compose de plusieurs substantifs ou de plusieurs pronoms du nombre singulier, le verbe se met au pluriel : *sa douceur et son courage me charmèrent.*

II. *Remarque.* Si les mots qui forment le sujet sont de différentes personnes, le verbe se met également au pluriel, et s'accorde avec la personne qui a la priorité : la première personne a la priorité sur la seconde, et celle-ci sur la troisième : *toi et moi sortirons* ; *toi et lui sortirez.*

PÉNÉLOPE et MOI AVONS *perdu l'espérance de le revoir.* (Fén.)

CHAPITRE VI.

DU PARTICIPE.

Le *participe* est un mot qui tient de la nature du verbe et de celle de l'adjectif : du verbe, en ce qu'il en a la signification et le régime : *aimant Dieu, aimé de Dieu*; et de l'adjectif, en ce qu'il qualifie le mot auquel il se rapporte : *des hommes lisant, une vertu éprouvée.*

Il y a deux sortes de participes : le participe *présent*, et le participe *passé.*

Du participe présent.

Le participe *présent* ajoute au mot qu'il qualifie l'idée d'une action faite par ce mot; il est toujours terminé en *ant*, comme *aimant, lisant, recevant*, etc.

Il ne faut pas le confondre avec l'*adjectif verbal* : le participe présent exprime l'action; il peut se remplacer par un autre temps du verbe précédé de *qui*, et est toujours invariable : *c'est un homme d'un bon caractère*, OBLIGEANT *ses amis*; — *les personnes* AIMANT *tout le monde n'aiment ordinairement personne.* On peut dire : *qui oblige ses amis, qui aiment tout le monde.* L'adjectif verbal marque l'état, la manière d'être; il peut se construire avec un des temps du verbe *être*, et s'accorde en genre et en nombre avec le mot qu'il qualifie : *ce sont des hommes* OBLIGEANTS; *les personnes* AIMANTES *ont plus de jouissance que les autres.* On peut dire : *ce sont des hommes qui* SONT *obligeants; les personnes qui* SONT *aimantes.*

Le qualificatif en *ant* est ordinairement adjectif verbal, quand il n'a point de régime.

Du participe passé.

Le *participe passé* ajoute au mot qu'il qualifie l'idée d'une action reçue par ce mot; il a diverses terminaisons, comme *aimé, fini, reçu, ouvert, écrit, joint,* etc., et est susceptible de prendre l'accord: *un homme* ESTIMÉ, *des hommes* ESTIMÉS; *une lettre* LUE; *des lettres* LUES; *un secours* OFFERT, *des secours* OFFERTS.

Règles sur la variabilité du participe passé.

I. RÈGLE. Le participe passé employé sans auxiliaire s'accorde, comme l'adjectif, en genre et en nombre avec le mot qu'il qualifie:

> Que de remparts *détruits*, que de villes *forcées*;
> Que de moissons de gloire en courant *amassées* ! (Boil.)

II. RÈGLE. Le participe passé accompagné de l'auxiliaire *être* s'accorde en genre et en nombre avec le sujet du verbe:

> Le fer est *émoussé*, les bûchers sont *éteints*.
> La vertu obscure est souvent *méprisée*. (Mass.)

III. RÈGLE. Le participe passé accompagné de l'auxiliaire *avoir* s'accorde avec son régime direct, quand il en est précédé, et reste invariable, quand le régime direct est placé après le participe, ou qu'il n'y en a pas. Ainsi l'on écrira avec accord:

> Voici la lettre *que* j'ai *reçue.*
> Voici les lettres *que* j'ai *reçues.*
> Où est ton livre? — je l'ai *perdu.*
> Où est ta plume? — je l'ai *perdue.*
> Où sont tes livres? — je *les* ai *perdus.*
> Il m'a *félicité.*
> Il *nous* a *félicités.*

Mon fils, nous t'avons récompensé.
Mes fils, je vous ai récompensés.
Quelle peine j'ai éprouvée !
Que de désagréments il m'a causés !
Combien de livres avez-vous lus ?

parce que les participes *reçue, reçues, perdu, perdue, perdus ; félicité, félicités ; récompensé, récompensés ; éprouvée, causés, lus,* sont précédés de leurs régimes directs *que, le, la, les, me, nous, te,* etc.

On voit, par ces exemples, que le régime direct du participe, quand il le précède, est toujours exprimé par un des pronoms *que, le, la, les, me, nous, te, vous, se,* ou par un substantif précédé de *quel, que de, combien de.*

Mais on écrira sans accord :

Nous avons reçu votre lettre.
Ils ont perdu leurs livres.
J'ai récompensé mes fils.

parce que les régimes directs *votre lettre, leurs livres, mes fils* sont placés après le participe.

On écrira de même avec le participe invariable :

Nous avons chanté.
Cette armée a péri.
Ils ont répondu à notre attente.

parce que les participes *chanté, péri, répondu* n'ont pas de régime direct : dès que ce régime n'existe pas, il est évident que le participe n'en est pas précédé.

IV. RÈGLE. Le participe d'un verbe pronominal suit la même règle que le participe conjugué avec *avoir* ; c'est-à-dire, que le participe d'un verbe pronominal s'accorde avec le régime direct quand il en est précédé, et qu'il reste invariable lorsque le régime direct est après, ou qu'il n'y en a pas. Ainsi l'on écrira avec accord :

> La lettre *qu'ils se sont adressée*,
> Elles se *la* sont *montrée*.
> Ils *se* sont *blâmés*.

parce que les participes *adressée*, *montrée*, *blâmés* sont précédés de leurs régimes directs *que*, *la*, *se*. Mais on écrira sans accord :

> Ils se sont *adressé* une lettre.
> Ils se sont *montré* leurs livres.

parce que les participes *adressé*, *montré*, sont suivis de leurs régimes directs *une lettre*, *leurs livres*. On écrira de même avec le participe invariable :

> Nous nous sommes *succédé*.
> Ils se sont *écrit*.

parce que les participes *succédé*, *écrit* n'ont pas de régime direct. En effet, c'est comme s'il y avait : *nous avons succédé* à nous; *ils ont écrit* à eux.

Remarque sur l'emploi de certains participes.

I. *Remarque.* Le participe d'un verbe impersonnel est toujours invariable :

> Il est *arrivé* de grands malheurs.
> Il s'est *glissé* une erreur.
> Les mauvais temps qu'il y a *eu*.
> Les chaleurs qu'il a *fait*.

II. *Remarque.* Le participe entre deux *que* est toujours invariable :

> Les réponses *que* j'avais prévu *qu'on* vous ferait.
> Les embarras *que* j'ai su *que* vous aviez.

III. *Remarque*. Le participe est invariable quand il a pour régime direct *l'* représentant un membre de phrase :

> Cette lettre est plus intéressante que je ne *l'avais cru.*
> L'affaire fut moins sérieuse que je ne *l'avais pensé.*
> Cette perfidie a eu lieu comme je *l'avais supposé.*
> La famine arriva ainsi que Joseph *l'avait prédit.*

C'est comme s'il y avait :

Cette lettre est plus intéressante que je n'avais cru *qu'elle était intéressante.*

L'affaire fut moins sérieuse que je n'avais pensé *qu'elle serait sérieuse.*

Cette perfidie a eu lieu comme j'avais supposé *qu'elle aurait lieu.*

La famine arriva ainsi que Joseph avait prédit *qu'elle arriverait.*

IV. *Remarque*. Le participe suivi immédiatement d'un infinitif s'accorde quand il a pour régime direct le pronom ou le substantif qui précède ; et il reste invariable, si, au contraire, il a pour régime direct l'infinitif qui suit :

> Cette femme chante bien, je L'ai *entendue* chanter.
> QUE DE SOLDATS j'ai *vus* périr!

J'ai entendu qui? ELLE *chanter.* J'ai vu qui? DES SOLDATS *périr. La* (pour *elle*) et *que de soldats* sont les régimes directs des participes *entendue*, *vue*, et comme ils précèdent ce participe, accord.

> Cette romance est charmante, je l'ai *entendu* chanter.
> Que de soldats j'ai *vu* tuer !

J'ai entendu quoi? CHANTER *elle* (la romance). J'ai vu quoi? TUER *des soldats. Chanter, tuer* sont les régimes directs des participes *entendu*, *vu*, et comme ces infinitifs sont placés après, point d'accord.

On reconnaît mécaniquement que le participe est précédé de son régime direct, quand l'infinitif peut se changer en participe présent, et qu'il a pour régime direct l'infinitif, lorsque ce changement ne peut avoir lieu :

> Je les ai *vus* repousser les ennemis.
> Il nous a *entendus* blâmer son imprudence.
> Ils se sont *vus* dépérir.

On peut dire : *je les ai vus* REPOUSSANT *les ennemis* ; *il nous a entendus* BLAMANT *son imprudence* ; *ils se sont vus* DÉPÉRISSANT : accord avec les pronoms *les, nous, se*, régimes directs du participe.

> Je les ai *vu* repousser par les ennemis.
> Il nous a *entendu* blâmer à cause de notre imprudence.
> Ils se sont *vu* maltraiter.

On ne peut pas dire : *je les ai vus* REPOUSSANT *par les ennemis* ; *il nous a entendus* BLAMANT *à cause de notre imprudence* ; *ils se sont vus* MALTRAITANT ; point d'accord, l'infinitif étant le régime direct du participe.

V. *Remarque.* Lorsqu'il y a une préposition entre le participe et l'infinitif suivant, le participe peut avoir pour régime direct le pronom qui précède ou l'infinitif qui suit : dans le premier cas, accord ; dans le second, point d'accord. Ainsi l'on écrira avec le participe variable :

> Il nous a *priés* de lui écrire.
> Ils se sont *proposés* pour l'accompagner.

Il a prié *qui* de lui écrire ? *nous* ; ils ont proposé *qui* pour l'accompagner ? *se, eux*. *Nous, se* sont donc les régimes directs des participes *priés, proposés*, et comme ils les précèdent, accord.

Il nous a *recommandé* de lui écrire.
Ils se sont *proposé* de l'accompagner.

Il nous a recommandé *quoi? de lui écrire*;
ils ont proposé à eux *quoi? de l'accompagner.*
Les infinitifs *de lui écrire, de l'accompagner*
sont les régimes directs des participes *recommandé, proposé,* et comme ils sont après,
point d'accord.

VI. *Remarque. Le peu* a deux significations:
ou il signifie une *petite quantité,* ou il veut
dire *le manque;* dans le premier cas, accord;
dans le second, point d'accord. Ainsi l'on dira
avec le participe variable: *le peu d'instruction
qu'il a* REÇUE *l'a mis en état de remplir cette
place;* et avec le participe invariable: *le peu
d'instruction qu'il a* EU *le fait tomber dans mille
erreurs.* Dans le premier exemple, *le peu* signifie une petite quantité; c'est parce qu'il a
reçu de l'instruction qu'il est devenu propre
à cette place. Dans le second, au contraire,
le peu signifie le manque; car, sans le défaut
d'instruction, il ne tomberait pas dans mille
erreurs.

CHAPITRE VII.

DE L'ADVERBE.

L'*adverbe* est un mot invariable qui qualifie
ou un verbe: *il parle* ÉLOQUEMMENT; ou un
adjectif: *il est* TRÈS-*éloquent;* ou un autre
adverbe: *il agit* BIEN *prudemment.*

L'adverbe n'a jamais de régime, parce qu'il
renferme son régime en lui-même. En effet,
vivre tranquillement, marcher lentement sont
la même chose que *vivre avec tranquillité,
marcher avec lenteur.*

Liste des principaux adverbes.

Autrefois, jadis, aujourd'hui, demain, bientôt, souvent, désormais, jamais, toujours, auparavant, volontiers, alors, aussi, autant, si, tant, plus, mieux, moins, très, fort, dessus, dessous, dedans, dehors, pourtant, où, là, méchamment, prudemment, doucement, utilement, vraiment, etc., etc.

Un assemblage de mots qui servent à qualifier ou un verbe, ou un adjectif, ou un autre adverbe, se nomment *locution adverbiale* ; tels sont *long-temps, sans cesse, à dessein, au hasard,* etc.

CHAPITRE VIII.

DE LA PRÉPOSITION.

La *préposition* est un mot invariable qui sert à exprimer les rapports que les mots ont entre eux. Entre ces mots *je vais* et *l'eau*, il peut y avoir un grand nombre de rapports, comme un rapport de tendance : *je vais vers l'eau ;* de supériorité : *je vais sur l'eau ;* d'opposition : *je vais contre l'eau,* etc. *Vers, sur, contre* expriment ces rapports, et ces mots sont des prépositions.

Les *prépositions* n'ont par elles-mêmes qu'un sens incomplet ; le mot qui en complète la signification est le régime de la préposition ; celle-ci, avec son régime, forme ce qu'on appelle régime indirect.

Liste des principales prépositions :

A,	*Attendu,*	*Avec,*
Après,	*Avant,*	*Chez*

Contre,	envers,	pour,
Dans,	excepté,	sans,
De,	hormis,	sauf,
Depuis,	hors,	selon,
Derrière,	malgré,	sous,
Dès,	moyennant,	suivant,
Devant,	nonobstant,	sur,
Devers,	outre,	touchant,
Durant,	par,	vers,
En,	parmi,	vis-à-vis.
Entre,	pendant,	

Un assemblage de mots qui font l'office de prépositions, se nomment *locution prépositive* ; tels sont : *à l'égard de, en faveur de, à la réserve de,* etc.

CHAPITRE IX.

DE LA CONJONCTION.

La *conjonction* est un mot invariable qui sert à lier un membre de phrase à un autre membre de phrase. Quand je dis : *travaillons, — nous voulons acquérir des talents, — le temps s'enfuit, — persuadons-nous bien, — il ne revient plus ;* voilà cinq membres de phrase qui n'ont entre eux, pour ainsi dire, aucune relation, et forment comme cinq phrases indépendantes les unes des autres. Pour les joindre ensemble, et n'en former qu'une seule phrase, il suffit d'employer certains mots, comme *si, car, et, que,* etc. : *travaillons,* SI *nous voulons acquérir des talents,* CAR *le temps s'enfuit,* ET *persuadons-nous bien* QU'*il ne revient plus ;* et ces mots *si, car, et, que,* sont des conjonctions.

Liste des principales conjonctions :

Ainsi,	*mais,*	*que,*
Car,	*néanmoins,*	*quoique,*
Cependant,	*ou,*	*si,*
Comme,	*or,*	*sinon,*
Donc,	*partant,*	*soit,*
Enfin,	*pourtant,*	*tantôt* (répété),
Et,	*puisque,*	*toutefois.*
Lorsque,	*quand,*	

Un assemblage de mots dont la fonction est d'unir deux membres de phrase se nomment *locution conjonctive*, tels sont : *ainsi que, de même que, tandis que, à moins que,* etc., etc.

CHAPITRE X.

DE L'INTERJECTION.

L'interjection est un mot invariable qui sert à exprimer les affections vives et subites de l'ame.

Les principales interjections sont :

Ha ! pour marquer la surprise.

Ah ! aïe ! hélas ! pour marquer la douleur.

Oh ! Ah ! pour marquer l'admiration.

Fi ! pour marquer l'aversion.

Paix ! chut ! pour imposer silence.

Holà ! pour appeler.

Hé bien ? pour interroger.

REMARQUES PARTICULIÈRES
SUR CHAQUE ESPÈCE DE MOTS.

SUBSTANTIF.

Les noms propres ne prennent pas la marque du pluriel : *les deux* RACINE *furent poètes ; les* LAMOIGNON *ont occupé les premières charges dans la magistrature.* Excepté quand ils sont employés comme *noms communs,* c'est-à-dire, pour désigner des individus semblables à ceux dont on emploie le nom : *la France a eu ses* CÉSARS *et ses* POMPÉES *,* c'est-à-dire, de grands capitaines comme César et Pompée :

Un coup d'œil de Louis enfantait des *Corneilles.* (Del.)

C'est-à-dire, de grands poètes comme Corneille.

On ne met pas non plus la marque du pluriel aux substantifs empruntés des langues étrangères, et qu'un fréquent usage n'a pas encore francisés : des *alléluia,* des *ave,* etc. ; excepté des *débets,* des *bravos,* des *factums,* des *opéras,* auxquels l'Académie met une *s* parce qu'ils sont fréquemment employés.

Substantifs composés.

On appelle ainsi des substantifs formés de plusieurs mots joints par un trait d'union.

1°. Quand un nom composé est formé d'un substantif et d'un adjectif, ils prennent l'un et l'autre la marque du pluriel : une *basse-taille,* des *basses-tailles* ; un *plain-chant*, des *plains-chants*.

2°. Quand un substantif composé est formé de deux substantifs placés immédiatement l'un après l'autre, ils prennent l'un et l'autre la marque du pluriel : un *chef-lieu*, des *chefs-lieux* ; un *chou-fleur*, des *choux-fleurs*.

3°. Quand un substantif composé est formé de deux substantifs unis par une préposition, le premier seul prend la marque du pluriel : un *chef-d'œuvre*, des *chefs-d'œuvre* ; un *ciel-de-lit*, des *ciels-de-lit*.

4°. Quand un substantif composé est formé d'un substantif joint à un verbe, ou à une préposition, ou à un adverbe, le substantif seul prend la marque du pluriel, si toutefois il y a pluralité dans l'idée. Ainsi on écrira avec une *s* au pluriel : des *avant-coureurs* (des *coureurs* qui vont *en avant*); des *arrière-saisons* (des *saisons* qui sont *en arrière*). Mais on écrira sans mettre une *s* au pluriel, parce qu'il y a unité dans l'idée : des *serre-tête* (des bonnets qui serrent *la tête*); des *réveille-matin* (des horloges qui réveillent *le matin*).

Remarque. On écrira avec une *s*, tant au singulier qu'au pluriel :

Un { essuie-mains (ce qui essuie *les mains*).
ou   { porte-mouchettes (ce qui porte *les mouchettes*).
des { cure-dents (ce qui cure *les dents*).

parce qu'alors il y a toujours pluralité dans l'idée.

5°. Quand un substantif composé ne renferme que des mots invariables de leur nature, comme *verbes*, *prépositions*, *adverbes*, aucune de ses parties ne prend la marque du pluriel : des *pour-boire*, des *passe-passe*, des *pince-sans-rire*.

ARTICLE.

Lorsqu'un substantif est pris dans un sens *partitif*, c'est-à-dire, désigne une partie des personnes ou des choses dont on parle, comme dans ces phrases : *donnez-moi du pain, je bois de la bierre, il a reçu des lettres*, on emploie *de*, au lieu de *du, de la, des*, si ce substantif partitif est précédé d'un adjectif : *donnez-moi* DE *bon pain, je bois* D'*excellente bierre ; il a reçu* DE *charmantes lettres.*

ADJECTIF QUALIFICATIF.

Les adjectifs *nu, demi, excepté, supposé* sont invariables quand ils précèdent le substantif : NU-*tête, une* DEMI-*heure,* EXCEPTÉ *ces personnes,* SUPPOSÉ *ces faits*; mais on dirait avec accord : *tête* NUE, *une heure et* DEMIE, *ces personnes* EXCEPTÉES, *ces faits* SUPPOSÉS, l'adjectif étant placé après le substantif.

L'adjectif *feu* ne s'accorde que lorsqu'il précède immédiatement le substantif : *la* FEUE *reine, votre* FEUE *mère*; mais on dirait sans accord : FEU *la reine,* FEU *votre mère*, attendu que l'adjectif *feu* est séparé de son substantif par *la, votre.*

ADJECTIFS DÉTERMINATIFS.

VINGT et CENT prennent une *s*, quand ils sont employés au pluriel, c'est-à-dire, multipliés par un nombre : *quatre-*VINGTS *soldats* ;

trois CENTS *chevaux* ; *ils étaient quatre-*VINGTS, *nous étions quatre* CENTS. Excepté quand ils sont suivis d'un autre adjectif numéral : *quatre-*VINGT-*dix soldats* , *trois* CENT *cinquante chevaux*.

MILLE s'écrit de trois manières :

Mil pour la date des années : *L'Amérique a été découverte en l'an* MIL *quatre cent quatre-vingt-douze.*

Mille pour exprimer le nombre dix fois cent : *nos troupes firent cinq* MILLE *prisonniers.*

Dans ces deux cas, il rejette toujours la marque du pluriel.

Mille, avec une *s* au pluriel, pour représenter une mesure de chemin, et alors il est substantif commun : *trois* MILLES *d'Angleterre font un peu plus d'une lieue de France.*

Les adjectifs possessifs *son, sa, ses, leur, leurs*, ne peuvent s'employer pour un nom de chose qu'autant que ce nom de chose est le sujet du verbe qui a sous sa dépendance *son, sa, ses, leur, leurs* : *La Seine a* SA *source en Bourgogne* ; *les arbres perdent chaque année* LEURS *feuilles.* La source de quoi ? de la Seine. Les feuilles de quoi ? des arbres. *Seine* et *arbres* sont les noms de chose auxquels se rapportent les adjectifs possessifs *sa, leurs* ; et comme *Seine* est le sujet du verbe *a*, et *arbres* le sujet du verbe *perdent*, il en résulte que la construction est correcte. Mais on ne dirait pas : *j'habite la campagne*, SES *agrémens sont sans nombre* ; *ces langues sont riches, j'admire* LEURS *beautés*, parce que les substantifs *campagnes* et *langues* ne sont pas les sujets des verbes *sont* et *j'admire.*

Remarque. Quoique le nom de chose ne soit pas le sujet du verbe, on se sert bien de *son, sa, ses, leur, leurs,* quand ces adjectifs sont précédés d'une préposition : *Paris est une ville remarquable, les étrangers admirent la beauté de* SES *édifices.*

MÊME est adjectif ou adverbe :

Même est adjectif et s'accorde, 1°. quand il précède le substantif : *ils ont les* MÊMES *défauts.*

2°. Quand il est placé après un pronom ou un seul substantif : *les dieux* EUX-MÊMES *devinrent jaloux des bergers.* (Fén.)

Ces murs *mêmes*, Seigneur, peuvent avoir des yeux. (Rac.)

Même est adverbe et invariable, 1°. quand il qualifie un verbe : *exempts de maux réels, les hommes s'en forment* MÊME *de chimériques.* (Mass.) 2°. Quand il est après deux ou plusieurs substantifs : *les animaux, les plantes* MÊME *étaient au nombre des divinités égyptiennes.*

QUELQUE s'écrit de trois manières :

1°. Suivi d'un verbe, il se met en deux mots (*quel que*); et alors *quel,* adjectif, s'accorde en genre et en nombre, avec le sujet du verbe, et *que,* conjonction, reste invariable : QUEL *que soit votre mérite,* QUELLE *que soit votre réputation,* QUELS *que soient vos succès.*

2°. Suivi d'un substantif, il s'écrit en un mot (*quelque*); il est adjectif, et s'accorde en nombre avec ce substantif : QUELQUE *capacité,* QUELQUES *talents que vous ayez, soyez modeste.*

3°. Suivi d'un qualificatif (soit *adjectif,* soit *participe,* soit *adverbe*), *quelque* s'écrit également en un mot; mais alors il est adverbe, et conséquemment reste invariable : QUELQUE *puissants qu'ils soient;* QUELQUE *considérés que nous soyons;* QUELQUE *adroitement qu'ils s'y prennent.* (Acad.)

TOUT est adjectif ou adverbe :

Tout, adjectif, s'accorde en genre et en nombre avec le substantif ou le pronom qu'il qualifie : TOUTE *ame ambitieuse est incapable de règles.* (Boss.) *Nous sommes* TOUS *sujets à la mort.*

Tout, adverbe, signifie *tout-à-fait, quelque,* et reste invariable : *elle est* TOUT *étonnée,* TOUT *aimable qu'elle est,* TOUT *spirituels qu'ils sont.*

Exception. Tout, quoique adverbe, varie quand l'adjectif qui suit est féminin, et commence par une consonne ou une *h* aspirée : *elle est* TOUTE *stupéfaite,* TOUTE *spirituelle qu'elle est,* TOUTES *hardies qu'elles sont.*

PRONOMS.

Les pronoms personnels employés comme *sujets* se placent ordinairement devant le verbe :

J'inventerai des couleurs , j'armerai la calomnie.
J'intéresserai sa gloire : il tremblera pour sa vie.

Excepté, 1°, lorsqu'on interroge : dans les temps simples il se place après le verbe, et dans les temps composés, entre l'auxiliaire et le participe :

Où suis-*je* ? qu'ai-*je* fait ? que dois-*je* faire encore ?

Cette exception donne lieu à trois remarques :

I. *Remarque.* L'e *muet* qui termine le verbe

se change en *é fermé* devant le pronom *je* :
aimé-je, eussé-je, dussé-je.

II. *Remarque.* Le pronom *je* ne doit point
se placer après le verbe, quand cette manière
d'interroger a quelque chose de dur et de désagréable; ce qui a lieu au présent de l'indicatif, lorsque le verbe n'a qu'une syllabe; ne
dites pas : *rends-je, cours-je, sens-je,* etc. On
donne alors un autre tour à la phrase, et l'on
dit : *est-ce que je rends? est-ce que je cours?*
Cependant l'usage autorise : *dis-je? vais-je?
fais-je? vois-je? ai-je? suis-je?*

III. *Remarque.* Quand le verbe qui précède
il, elle, on, finit par une voyelle, on place
entre le verbe et le pronom un *t* euphonique
qu'on fait suivre et précéder d'un trait d'union
aime-t-il? viendra-t-elle? donne-t-on?

2°. Lorsque le verbe est au subjonctif, sans
qu'aucune conjonction soit exprimée :

Puissé-je de mes yeux voir tomber la foudre? (Corn.)

3°. Quand on rapporte les paroles de quelqu'un : *je ne serai heureux, disait-il, qu'autant
que vous le serez.*

4°. Lorsque le verbe est précédé de quelqu'un des mots *aussi, peut-être, encore, tel,
ainsi,* etc. : *aussi est-il votre ami, peut-être
avez-vous raison, tel était son avis.*

Les pronoms *personnels* employés comme
régimes, se placent également avant le verbe :

Les ennemis des Juifs *m'*ont trahi, *m'*ont trompé. (*Racine.*)

Exception. Lorsque le verbe est à l'impératif, le pronom qui en est le régime s'énonce
après le verbe : *Pends-*TOI, *brave Crillon; on
a vaincu sans toi.*

Si le verbe à l'impératif avait deux pronoms pour régimes, l'un direct, l'autre indirect, le régime direct s'énoncerait le premier : *donnez-*LE-*moi*, *prêtez-*LE-*lui*, *cédez-*LES-*nous*.

Le pronom *soi* est toujours du nombre singulier; il se dit des personnes et des choses; mais, appliqué aux personnes, il ne s'emploie qu'avec une expression vague, comme : *on*, *chacun*, *personne*, *quiconque*, etc. ON *doit rarement parler de* SOI ; QUICONQUE *rapporte tout à* SOI, *n'a pas beaucoup d'amis* ; *l'aimant attire le fer à* SOI. (Acad.)

Le pronom *le*, qui fait *la* au féminin et *les* au pluriel des deux genres, peut représenter un substantif ou un adjectif.

Quand il représente un substantif ou un adjectif pris substantivement, le pronom s'accorde en genre et en nombre avec ce substantif ou cet adjectif pris substantivement :

Êtes-vous madame de Genlis? — Je ne *la* suis pas.
Êtes-vous la mère de cet enfant? — Je *la* suis.
Êtes-vous les ministres du roi? — Nous *les* sommes.
Êtes-vous la malade? — Je *la* suis.
Êtes-vous les mariés? Nous *les* sommes.

Quand il représente un adjectif ou un substantif pris adjectivement, le pronom est invariable, c'est-à-dire, qu'alors on emploie toujours *le* :

Madame, êtes-vous malade? — Je *le* suis.
Messieurs, êtes-vous mariés? — Nous *le* sommes.
Êtes-vous ministres? — Nous *le* sommes.
Êtes-vous mère? — Je *le* suis.

Celui-ci, *celle-ci*, *ceci*, opposés à *celui-là*, *celle-là*, *cela* désignent les objets les plus

proches, et *celui-là, celle-là, cela,* les objets
les plus éloignés : *voici deux livres : prenez
celui-ci* (le plus proche); *je garderai celui-là*
(le plus éloigné).

Les objets dont on a parlé en dernier lieu,
étant les plus proches, se représentent par
celui-ci, ceux-ci ; ceux au contraire dont il a
été question auparavant, étant les plus éloignés, se désignent par *celui-là, ceux-là : le
corps périt, et l'ame est immortelle ; cependant
on néglige* CELLE-CI, *et tous les soins sont pour*
CELUI-LA.

Le pronom relatif prend toujours le genre,
le nombre et la personne de son antécédent :
*moi qui suis estimé, vous qui êtes estimé, lui
qui est estimé, elle qui est estimée, nous qui
sommes estimés,* etc. Ainsi Molière n'aurait
pas dû dire :

Ce n'est pas moi qui *se ferait* prier.

Qui, ayant pour antécédent *moi,* équivaut
à *je,* et de même qu'il aurait dit *je me ferais
prier,* il devait dire *qui me ferais prier.*

Qui, régime d'une préposition, ne se dit que
des personnes ou des choses personnifiées : *les
grands écrivains* A QUI *la France doit son éclat;
rochers* A QUI *je me plains ;* ne dites donc pas :
les sciences A QUI *je m'applique,* mais dites :
AUXQUELLES *je m'applique.*

Au lieu de *on,* il faut employer *l'on,* pour
éviter certaines consonnances désagréables
qui ont lieu après *et, si, ou :* ET L'ON *dit,* SI
L'ON *voit,* OU L'ON *verra.* Cependant on doit
faire usage de *on* et non de *l'on* devant *le,*

la, *les*, *lui* : *et* ON LE *dit*, *si* ON LA *voit*, *ou* ON LE *verra*, pour éviter la répétition désagréable de l'articulation *l*.

Chacun, précédé d'un pluriel, prend après lui, tantôt *leur*, *leurs*, et tantôt *son*, *sa*, *ses*.

Chacun prend *leur*, *leurs*, lorsqu'il précède le régime direct :

Ils ont donné, *chacun*, *leur* avis.
Ils ont apporté, *chacun*, *leurs* offrandes.

Chacun prend *son*, *sa*, *ses* quand il est après le régime direct, ou que le verbe n'a pas de régime de cette nature :

Ils ont apporté leurs offrandes, *chacun* selon *ses* moyens.
Les deux rois se sont retirés, *chacun* dans *sa* tente.
Ils ont opiné, *chacun à son* tour.

Personne est pronom indéfini et substantif :

Personne, pronom indéfini, a un sens vague ; il s'emploie sans article ni aucun adjectif déterminatif ; il signifie *aucune personne, qui que ce soit*, et est masculin :

Personne n'est assez *sot* pour le croire.
Il n'y a *personne* qui n'en soit *fâché*.

Personne, substantif, a un sens déterminé ; il est accompagné de l'article, ou d'un adjectif déterminatif, et est féminin :

Quelle est *la* personne assez *sotte* pour le croire ?
Il n'y a pas *une personne* qui n'en soit *fâchée*.

L'un et l'autre, *les uns et les autres* éveillent simplement une idée de pluralité ; *l'un l'autre*, *les uns les autres* expriment une idée de réciprocité. Ainsi l'on dira de Racine et de Boileau : L'UN ET L'AUTRE *furent de grands poètes ; ils s'estimaient* L'UN L'AUTRE.

4

DU VERBE.

Tout verbe qui a pour sujet un *collectif*, s'accorde avec ce collectif, s'il est *général* : *l'infinité des perfections de Dieu* m'accable ; *la totalité des enfants* sacrifie *l'avenir au présent* ; et avec le substantif qui suit le collectif, si celui-ci est *partitif* : *une foule de nymphes* étaient assises *auprès de Calypso* ; *une troupe de barbares* désolèrent *le pays*.

> *Remarque.* Le *collectif général* exprime la collection entière des individus ou des objets dont on parle : *la totalité des hommes, la pluralité des voix* ; le *collectif partitif* n'en désigne qu'une partie, qu'un certain nombre : *une multitude d'hommes, une quantité de livres.* Le collectif partitif est toujours précédé de *un, une,* excepté *la plupart,* qui prend l'article : *la plupart des enfants sont légers.*

Le verbe *être* précédé de *ce* ne se met au pluriel que lorsqu'il est suivi d'une troisième personne du pluriel : *ce* sont *les* vices *qui dégradent l'homme* ; *ce* sont eux *qui le rendent malheureux.* On dira donc avec le verbe *être* au singulier : *c'*est *le travail et l'application* ; *c'*est *nous qui....,* *c'*est *vous qui....,* parce qu'aucun de ces mots *le travail, l'application, nous, vous,* ne forme une troisième personne du pluriel.

Un verbe ne doit pas avoir deux régimes indirects pour exprimer le même rapport ; il ne faut donc pas dire : *c'est* à vous à qui *je parle* ; *c'est* de vous dont *il s'agit* ; *c'est* pour vous pour qui *il travaille.* Dans la première phrase, le verbe *je parle* a deux régimes indirects : *à vous, à qui* ; dans la seconde, le verbe *il s'agit* a deux régimes indirects : *de vous, dont* ; enfin, dans la troisième, le verbe *il travaille* a également deux régimes indirects :

pour vous, pour qui ; tandis qu'un seul de ces régimes suffit au verbe : *je parle à vous, il s'agit de vous, il travaille pour vous.* Le second régime étant superflu doit être remplacé par la conjonction *que : c'est à vous* QU'*il parle, c'est de vous* QU'*il s'agit, c'est pour vous* QU'*il travaille.*

Quand deux verbes ne veulent pas le même régime, c'est-à-dire, quand l'un veut un régime direct, et l'autre un régime indirect, il faut donner à chacun le régime qui lui convient : *il attaqua* LA VILLE, *et s'*EN *empara. Il attaqua et s'empara de la ville* serait incorrect, car *de la ville,* régime indirect de *s'empara,* ne saurait convenir à *attaqua,* qui veut un régime direct.

La même chose a lieu lorsque deux verbes exigent des régimes indirects marqués par des prépositions différentes. Ainsi l'on dira : *un grand nombre de vaisseaux entrent dans ce port, et en sortent tous les mois ;* et non pas : *entrent et sortent de ce port,* attendu qu'on dit *entrer* DANS et *sortir* DE, et que la préposition *de* ne saurait convenir conséquemment au verbe *entrer.*

Remarque. Cette règle s'applique aux adjectifs et aux prépositions. Ainsi l'on ne dira pas : *je suis sensible et content des preuves d'amitié que vous m'avez données ; — il a parlé en même temps contre et en faveur de son ami.* En effet, *sensible* veut *à, content* exige *de ; contre* rejette la préposition *de,* et *en faveur* la demande. Pour être correct, il faut dire : *je suis sensible aux preuves d'amitié que vous m'avez données, et j'en suis content ; — il a parlé en même temps contre son ami et en sa faveur* ; et alors chaque adjectif et chaque préposition ont le régime qui leur convient.

Au lieu de l'*imparfait de l'indicatif*, il faut employer le présent pour exprimer une chose qui a lieu dans tous les temps : *je vous ai dit que la sagesse* VAUT *mieux que l'éloquence*, et non *valait*, la chose étant toujours vraie.

Le *passé indéfini* désigne un temps passé, soit entièrement écoulé : *j'ai reçu une lettre l'année dernière, le mois passé, la semaine dernière, hier ;* soit qu'il en reste encore quelque portion à s'écouler : *j'ai reçu une lettre cette année, ce mois, cette semaine, aujourd'hui.*

Le *passé défini* ne se dit que d'un temps complètement écoulé, et éloigné au moins d'un jour de l'instant où l'on parle. Ainsi l'on ne dira pas : *je reçus une lettre cette année, ce mois, cette semaine, aujourd'hui,* car on est encore dans le temps dont il s'agit.

Après le présent et le futur de l'indicatif, on emploie le *présent* ou le *passé* du subjonctif : le *présent* pour marquer un présent ou un futur, et le *passé* pour exprimer un passé :

Je doute
Je douterai } que vous *veniez* maintenant, demain.

Je doute
Je douterai } que vous *soyez venu* hier.

Après l'imparfait, le plus-que-parfait, les passés et les conditionnels, on emploie l'*imparfait* ou le *plus-que-parfait* du subjonctif : l'*imparfait*, pour exprimer un présent ou un futur ; et le *plus-que-parfait*, pour marquer un passé :

Je doutais
Je doutai
J'ai douté
Je douterais } que vous *vinssiez* aujourd'hui, demain.
J'aurais douté
J'avais douté

Je doutais
Je doutai
J'ai douté
Je douterais } que vous *fussiez venu* la semaine passée.
J'aurais douté
J'avais douté

DE L'ADVERBE.

Dessus, dessous, dedans, dehors, étant adverbes, ne veulent pas de régime. Ainsi ne dites pas : DESSUS *la terre,* DESSOUS *le ciel;* dites : SUR *la terre,* SOUS *le ciel.*

Alentour, auparavant, davantage rejettent également tout régime. Ne dites donc pas : *alentour de; auparavant de, auparavant que; davantage de, davantage que;* dites : *autour de; avant de, avant que; plus de, plus que.*

DE LA PRÉPOSITION.

Au travers veut *de, à travers* demande un régime direct : AU TRAVERS D'*un buisson,* A TRAVERS *les champs.* (Acad.)

Voici a rapport à ce qui suit, et *voilà* à ce qui précède :

Voici trois médecins qui ne se trompent pas :
Gaîté, doux exercice, et modeste repas.

La droiture du cœur, la vérité, l'innocence, l'empire sur les passions, *voilà* la véritable grandeur. (Massillon.)

Ne confondez pas *près de,* et *prêt à* : *près*

de, locution prépositive, signifie *sur le point de : les beaux jours sont* PRÈS DE *venir* (Acad.); *prêt à*, adjectif, veut dire *disposé à : Hippolyte étoit* PRÊT A *partir.* (Rac.)

DE LA CONJONCTION.

SI est conjonction ou adverbe; *si* est conjonction quand il exprime une condition ou marque le doute : SI *vous veniez, vous me feriez plaisir; Je ne sais* SI *vous avez raison.* Si est adverbe quand il signifie *tellement : si Dieu n'était pas* SI *bon, que deviendraient les pécheurs ?*

Parce que (en deux mots) signifie *attendu que : Je viendrai, parce que vous le désirez. Par ce que* (en trois mots) veut dire *par la chose que* ou *par les choses que :* PAR CE QU'*on voit tous les jours, il est facile de comprendre combien le mauvais exemple est pernicieux.*

Quoique (en un mot) signifie *bien que :* QUOIQUE *vous soyez instruit, soyez modeste. Quoi que* (en deux mots) veut dire *quelque chose que :* QUOI QUE *vous lui disiez, il ne vous écoutera pas.*

Quand, conjonction, signifie *lorsque, à quelle époque ? Venez* QUAND *vous aurez fini.* QUAND *partez-vous ?*

Quant, préposition, a le sens de *à l'égard de*, et est suivi de la préposition *à :* QUANT *à cette affaire, je m'en inquiète peu.* (Acad.)

La conjonction *que* sert à unir deux verbes l'un à l'autre : *Je crois* QUE *l'ame est immortelle;* ou les deux termes d'une comparaison : *Démosthènes était plus éloquent* QUE *brave.*

Elle sert aussi à éviter la répétition de certaines conjonctions, comme : *quand*, *lorsque*, *si*, *quoique*, *comme*, etc. : *Quand on est riche, et* QU'*on est généreux, on ne manque pas d'amis ; — si vous avez des amis, et* QUE *vous désiriez les conserver, prouvez-leur votre amitié.* Dans le premier exemple, *que* remplace *quand*, et dans le second, il est employé pour *si*.

DE L'ORTHOGRAPHE.

L'*orthographe* est l'art d'être correct dans l'emploi des caractères et des signes orthographiques d'une langue.

Les caractères sont les lettres de l'alphabet ; les signes orthographiques sont les accents, l'apostrophe, la cédille, le tréma, le trait d'union et la parenthèse.

DE L'EMPLOI DES CARACTÈRES.

Les consonnes finales sont presque toujours indiquées par la dérivation. Ainsi les consonnes *c*, *d*, *g*, *l*, *m*, *n*, *p*, *r*, *s*, *t* terminent les mots *estomac*, *bord*, *rang*, *fusil*, *faim*, *brun*, *galop*, *berger*, *amas*, *prompt*, à cause des dérivés *stomacal*, *border*, *ranger*, *fusiller*, *famine*, *brune*, *galoper*, *bergère*, *amasser*, *prompte*.

Aie, *ie*, *ue*, *eue*, *oie*, *oue*, *ée* terminent les substantifs féminins : *plaie*, *jalousie*, *statue*, *queue*, *joie*, *roue*, *pensée*; excepté la *paix*; —*fourmi*, la *merci*, *brebis*, *souris*, *perdrix*; — *bru*, *glu*, *vertu*, une *tribu*; — la *foi*, la *loi*, une *fois*, *croix*, *noix*, *poix*, *voix* ; — et les substantifs en *tié* et en *té* : *pitié*, *charité*.

At termine les noms de dignité et de profession : *consulat*, *marquisat*, *avocat*.

Aire termine les substantifs et les adjectifs formés d'un mot plus court : *actionnaire*, *munitionnaire*, *propriétaire*, formés de *action*, *munition*, *propriété*.

Ière termine les substantifs féminins : *lumière*, *prière* ; excepté *pierre*.

Iaire termine les substantifs masculins : *bréviaire* ; excepté *cimetière* et *lierre*.

Er termine les mots masculins où *é* final est précédé de *i*, *ill*, *g*, *ch* : *acier*, *oreiller*, *verger*, *clocher* ; excepté *pied*, *âgé*, *congé*, *clergé*, *duché*, *évêché*.

Is termine les substantifs formés d'un participe présent par le changement de *ant* en *is* : *gâchis* (gâchant), *coloris* (colorant).

Eau termine les substantifs et les adjectifs où la dérivation amène un *e* : *tombeau* (tombe), *morceau* (morceler), *nouveau* (nouvel).

Eindre termine tous les verbes qui se prononcent ainsi à l'infinitif : *feindre*, *teindre* ; excepté *contraindre*, *craindre*, *plaindre*. — *Vaincre* prend aussi *ain*.

En, *em* règnent au commencement des verbes : *entrer*, *enraciner*, *emporter* ; excepté *ancrer*, *antidater*, *anticiper*, *ambitionner*, *amplifier*, *amputer*.

Ance termine les substantifs formés d'un participe présent par le changement de *ant* en *ance* : *abondance*, *subsistance*, *naissance* ; excepté quelques-uns, comme *existence*, *préférence*, *sentence*, etc.

Ence termine les substantifs non formés d'un participe présent : *conscience, urgence* ; excepté quelques-uns, comme *aisance, balance, distance, élégance, enfance, puissance,* etc.

Anse termine *danse, transe,* il *panse* une plaie.

Ense termine *défense, offense, récompense, immense, il pense,* et les dérivés de ce dernier.

Ment termine tous les substantifs formés d'un verbe : *bâtiment* (bâtir), *affranchissement* (affranchir), *logement* (loger).

Eur termine tous les substantifs qui ont cette finale, soit masculins, soit féminins : *bonheur, fleur* ; excepté *heure, beurre, demeure.*

Ire termine les verbes dont le participe présent est en *vant* ou en *sant* prononcé *zant* : *écrire* (écrivant), *lire* (lisant) ; excepté *servir.*

Ir termine les autres verbes : *unir, partir* ; excepté *rire, maudire, frire, bruire.*

Our règne à la fin des substantifs, soit masculins, soit féminins : un *contour,* une *tour* ; excepté *bravoure, bourre.*

Oir termine, 1°, les verbes *devoir, concevoir* ; excepté *boire, croire* ; 2°, tous les substantifs masculins formés d'un participe présent par le changement de *ant* en *oir* : *abreuvoir* (abreuvant), *rasoir* (rasant).

Oire est la finale des autres mots : *ivoire, réfectoire, armoire, obligatoire* ; excepté *espoir, dortoir, soir, noir.*

Atte		*chatte, datte* (fruit), *latte, natte,* *patte,* il *flatte,* il *gratte.*
Itte	} terminent {	être *quitte,* il *quitte.*
Outte		*goutte* (liquide, maladie).
Utte		*butte, hutte, lutte.*

Le reste s'écrit par *ate, ite, oute, ute* : *pirate, hypocrite, routé, culbute.*

Au lieu de *n*, on emploie *m* devant *b*, *p*, *m : tomber, emporter, emmener.*

Doublement des consonnes.

B, d, g, se doublent seulement dans *abbaye, abbé, rabbin, sabbat ;* — *addition, reddition ;* — *agglomérer ; aggraver, suggérer ;* et les dérivés.

C se double dans les mots qui commencent par *ac, oc : accoutumer, occasion ;* excepté *acabit, académie, acariâtre.*

F se double dans les mots qui commencent par *af, ef, of : affermir, effort, offrir ;* excepté *afin, Afrique.*

L se double dans les mots qui commencent par *al, il, col : allumer, illusion, collége ;* excepté *alarme, aliéner, aligner, aliment, aliter ;* — *île ;* — *colère, colombe, colon, colonne, colorer.*

M se double dans les mots qui commencent par *im ;* excepté *image, imaginer, imiter.*

P se double dans les mots qui commencent par *ap, oppo, oppr, sup : apporter, opposition, oppression, suppression ;* excepté *apaiser, apercevoir, apitoyer, aplanir, apôtre, apologue,* et quelques autres ; — *superbe, supérieur, superstition, suprême.*

R se double dans les mots qui commencent

par *ar, cor, ir* : *arranger, corriger, irréfléchi* ; excepté *aride, ariette, araignée* ; — *corail, coriace* ; — *ironie, irascible.*

T se double dans les mots commençant par *at* : *attention* ; excepté *atelier, atroce, atome.*

Au lieu de doubler la consonne *q*, on la fait précéder de *c*, ce qui a lieu dans *acquit, acquitter, acquiescer, acquérir* et les dérivés.

DE L'EMPLOI DES SIGNES ORTHOGRAPHIQUES.

Des accents.

Il y a trois sortes d'accent : l'accent *aigu* (´), l'accent *grave* (`), et l'accent circonflexe (ˆ).

L'accent *aigu* se met sur tous les *e* fermés qui terminent la syllabe : *vérité, aménité.*

L'accent *grave* se met sur tous les *e* ouverts qui terminent la syllabe, ou qui précèdent la consonne finale *s* : *père, mère, discrète, abcès, excès, après.*

Il s'emploie aussi comme signe de distinction sur *là* et *où* adverbes, et sur *à, dès* prépositions, pour qu'ils ne soient pas confondus avec *la* article, et *ou* conjonction, *a* verbe et *des* article contracté :

Où la vertu finit, *là* commence le vice.

L'homme, *dès* sa naissance, est livré *à* la douleur.

L'accent *circonflexe* s'emploie lorsqu'il y a alongement de son et suppression de lettre, comme dans *âge, tête, épître,* qu'on écrivait autrefois *aage, teste, épistre.*

On s'en sert aussi comme signe de distinction

sur les participes masculins singuliers, *dŭ, tŭ,* pour les distinguer de *du*, article contracté, et de *tu*, pronom personnel.

De l'apostrophe.

L'apostrophe (') marque la suppression d'une des voyelles *a, e, i.*

On emploie l'apostrophe, 1º dans *je, me, ne, te, se, de, que, ce, la, le,* devant une voyelle ou une *h* muette : ʟ'*ame,* ʟ'*amitié,* ʟ'*histoire,* ʟ'*honneur,* ꜱ'*aime, je* ᴍ'*égare, il* ᴛ'*estime,* etc.

2º Avec *lorsque, puisque, quoique,* seulement devant *il, elle, on, un, une : lorsqu'il parle, puisqu'elle le veut, quoiqu'on dise.*

3º Avec *quelque* devant *un, autre :* quel-qu'un, *quelqu'autre.*

4º Avec *entre, presque,* lorsqu'ils entrent dans la composition d'un autre mot : *entr'acte, entr'aider, presqu'île.*

5º Dans la conjonction *si* devant *il, ils :* s'il vient, *s'ils disent.*

De la cédille.

La *cédille* (ˌ) se place sous le *c* devant les voyelles *a, o, u,* pour adoucir le son de cette consonne, c'est-à-dire, pour lui donner le son de l's : *façade, leçon, reçu.*

Du tréma.

Le *tréma* (¨) est un double point qu'on met sur les voyelles *e, i, u,* pour les faire prononcer séparément d'une voyelle qui précède : *naïf, Saül, ciguë;* sans le tréma on prononcerait *nef, sôl* et *cigue;* ce dernier avec le son de *gue* dans *figue.*

Du trait d'union.

Le *trait d'union* (-) sert à marquer la liaison qui existe entre deux mots; on l'emploie :

1º Entre le verbe et les pronoms *je, moi, tu, vous, il, ils, elle, elles, le, la, les, lui, leur, y, en, ce, on,* quand ces pronoms sont placés après le verbe : *irai-je? viens-tu? dormait-on? laisse-moi, allez-y, portes-en.* Quand il y a deux pronoms, on emploie deux traits d'union : *laisse-le-moi, donne-les-leur.*

2º Pour lier deux ou plusieurs mots qui, par le sens, n'en font qu'un : *chef-lieu, s'entre-choquer, Seine-et-Marne.*

De la parenthèse.

La *parenthèse* ( ) sert à renfermer certains mots qui, bien qu'on puisse les retrancher de la phrase, servent cependant à son éclaircissement :

Je crois moi (*jugez de ma simplicité*)
Que l'on devrait rougir de la duplicité.

DESTOUCHES.

DE LA PONCTUATION.

La *ponctuation* sert à marquer la distinction des sens, et les pauses qu'on doit faire en lisant.

Les signes de ponctuation sont la *virgule* (,), le *point-virgule* (;), les *deux points* (:), le *point* (.), le *point interrogatif* (?), et le *point exclamatif* (!).

La *virgule* s'emploie, 1º pour séparer les substantifs, les adjectifs et les verbes qui se suivent : *la fraude, la violence, le parjure, les procès, les guerres ne font jamais entendre leur voix dans ce séjour chéri des dieux.* (Fén.) *Les Tyriens sont industrieux, patients, laborieux.* (Idem.)

2º Pour séparer entre elles les parties semblables d'une même phrase, quand elles ont peu d'étendue :

On se menace, on court, l'air gémit, le fer brille. RACINE.

3º Avant et après toute réunion de mots ou tout mot qu'on peut retrancher sans dénaturer le sens de la phrase ; tels sont les mots en italique, dans les exemples suivants :

Les passions, *qui sont les maladies de l'ame*, ne viennent que de notre révolte contre la raison.

Sont-ce là, *ô Télémaque*, les pensées qui doivent occuper le cœur du fils d'Ulysse ?

Le style de Bossuet, *toujours noble et rapide*, étonne et entraîne.

Le *point-virgule* s'emploie pour séparer entre elles les parties semblables d'une même phrase, quand elles ont une certaine étendue, et principalement, lorsqu'elles sont subdivisées par la virgule :

Soyez ici dès lois l'interprète suprême ;
Rendez leur ministère aussi saint que vous-même ;
Enseignez la raison, la justice et la paix.

Il faut qu'en cent façons, pour plaire, il se replie ;
Que tantôt il s'élève, et tantôt s'humilie ;
Qu'il soit aisé, solide, agréable et profond. BOILEAU.

Les *deux points* s'emploient, 1º après un membre de phrase qui annonce une citation, un discours :

Dames Mites disaient à leurs petits enfants :
Il fut un temps où la terre était ronde.　　L'abbé AUBERT.

2º Avant un membre de phrase qui éclaire, ou développe ce qui précède :

Il faut, autant qu'on peut, obliger tout le monde :
On a souvent besoin d'un plus petit que soi.　　(LA FONT.)

Le *point* se met à la fin des phrases qui forment un sens complet :

La Déesse tenait d'une main un sceptre d'or pour commander aux vagues. Elle avait un visage serein, et plein de majesté. Des Tritons conduisaient son char. On voyait au milieu des airs Eole, empressé et inquiet. (Fénélon.)

Le *point interrogatif* s'emploie à la fin des phrases où l'on interroge, et le *point exclamatif* à la fin de celles qui marquent la surprise, l'admiration, la joie, la terreur, etc. : *où porté-je mes pas? d'où vient que je frissonne ?*

Que le Seigneur est bon ! que son joug est aimable !
Heureux qui, dès l'enfance, en connaît la douceur !

FIN.

www.ingramcontent.com/pod-product-compliance
Lightning Source LLC
Chambersburg PA
CBHW070857280326
41934CB00008B/1475